上海政法学院党内法规研究丛书

丛书总主编：夏小和　潘牧天　刘长秋

党内法规制度执行力建设研究

刘长秋　段占朝　潘牧天／著

法律出版社
LAW PRESS·CHINA
北京

图书在版编目（CIP）数据

党内法规制度执行力建设研究 / 刘长秋，段占朝，潘牧天著. -- 北京：法律出版社，2022
（上海政法学院党内法规研究丛书 / 夏小和，潘牧天，刘长秋主编）
ISBN 978-7-5197-7129-4

Ⅰ. ①党… Ⅱ. ①刘… ②段… ③潘… Ⅲ. ①中国共产党—党的纪律—党的建设—研究 Ⅳ. ① D262.13

中国版本图书馆 CIP 数据核字（2022）第 176554 号

党内法规制度执行力建设研究
DANGNEI FAGUI ZHIDU ZHIXINGLI JIANSHE YANJIU

刘长秋
段占朝 著
潘牧天

责任编辑 冯雨春 李 军
装帧设计 汪奇峰

出版发行 法律出版社
编辑统筹 法律应用出版分社
责任校对 裴 黎
责任印制 刘晓伟
经 销 新华书店

开本 A5
印张 6.75 **字数** 200 千
版本 2022 年 11 月第 1 版
印次 2022 年 11 月第 1 次印刷
印刷 北京建宏印刷有限公司

地址：北京市丰台区莲花池西里 7 号（100073）
网址：www.lawpress.com.cn
投稿邮箱：info@lawpress.com.cn
举报盗版邮箱：jbwq@lawpress.com.cn
销售电话：010-83938349
客服电话：010-83938350
咨询电话：010-63939796

书号：ISBN 978-7-5197-7129-4
定价：48.00 元

凡购买本社图书，如有印装错误，我社负责退换。电话：010-83938349

《上海政法学院党内法规研究丛书》

编委会

总　　序

党的十八大以来，以习近平同志为核心的党中央坚持党要管党、全面从严治党，不断强化党内法规制度建设，为全党制定规矩、严明纪律。依规治党已经成为新时代党的建设伟大工程的主基调，成为中国共产党敢于自我革命的重要标志以及能够自我修复的重要法宝。而强化党内法规制度建设、深入推进依规治党，则使党内法规的重要性受到了学界的正视乃至重视。党内法规研究正在成为国内法学界、政治学界乃至马克思主义学界等多个学科领域共同关注的热门研究领域。党内法规学作为一个跨越多个领域的新学科正初步形成并快速发展。

正是在这样的背景下，国内成立了一大批党内法规研究中心以及党内法规研究会，出版和发表了大量研究成果，上海政法学院党内法规研究中心也是其中之一。中心自成立以来，树牢“四个意识”，坚定“四个自信”，坚决做到“两个维护”，着眼于党的事业和国家大局，不断提高政治站位，立足长远，加强谋划，制订了一系列有关中心发展的计划和规划，而出版一套“党内法规研究丛书”便是这些计划和规划中的一个。

为此，中心本着内培外引的原则，深入挖掘校内精干力量，建立了近40人的党内法规人才库，横跨法律学院、马克思主义学院、政府管理学院以及校办、校纪委等十多个二级单位。在此基础上，中心组织学校相关研究人员，联合校外专家学者，共同开启了编写并出版这样一套“上海政法学院党内法规研究丛书”的步伐，以期通过编写和出版系列丛书的方式，为国内党内法规研究做出上海政法学院独特的贡献。

“上海政法学院党内法规研究丛书”计划于2028年之前编写并出版两套。其中首套计划出版六本，分三年完成。由于水平有限，我们编写这套丛书可能难免会不揣浅陋。尽管有贻笑大方之处，但作为国内众多党内法规研究中心中的一员，我们还是衷心地希望能够以此为国内党内法规研究贡献我们自己的力量。希望在这套丛书的启发和推动下，国内党内法规研究事业能够再上一个新的台阶，也希望有更多的学者能够加入党内法规研究的队伍之中，为党内法规研究的蓬勃发展造势助力！

编者

2022年2月28日于野马浜

目　　录

第一章　党内法规制度执行力建设的意义与价值

任何一个组织的建设与发展都离不开规则，即离不开规章制度。规章制度是所有组织进行自我管理、发挥组织能力、确保组织秩序、实现组织目标的重要保障。这一点，无论是经济组织，还是政治组织，抑或社会组织；也无论是普通社会组织，还是政党组织，都概莫能外。在所有政党的规章制度中，中国共产党党内法规是相对而言最为特别和亮眼的一类。一般而言，各个政党都制定了用于实现内部治理的党内法规，但由于中国共产党中国特色社会主义事业领导核心的地位，决定了其对自身必然具有远高于其他组织的要求，尤其是其对自身先进性与纯洁性的要求，通常会远高于其他政党。这使中国共产党党内法规相比于其他政党的党内法规往往更为重要且特殊。站在执政党的立场上，中国共产党党内法规是党对其自身的高度自律，是以规范性文件形式表现出来的、对党员的严格他律，也是广大人民群众对党以及各级党组织与党员进行监督的重要准据。[1]不仅如此，中国共产党党内法规作为执政党的党内法规，不仅

---

〔1〕　参见刘长秋：《论党内法规在党的建设中的定位》，载《马克思主义研究》2019年第11期。

对于管党治党、实现党的政治任务发挥极为重要的作用，而且会由于执政党自身的执政地位而必然对整个国家和社会产生其他党派的党内法规所不可能产生的深远影响。基于此，在国内政党制度的研究中，党内法规一般特指中国共产党党内法规，而其他政党的党内法规则通常用全称来加以表示，如中国国民党党内法规、中国致公党党内法规、九三学社党内法规……中国共产党领导是中国特色社会主义本质特征。“中国特色社会主义有很多特点和特征，但最本质的特征是坚持中国共产党领导。”〔1〕作为中国特色社会主义事业领导核心，中国共产党党内法规制度建设的成效直接关涉党的自身建设的效果，也关涉国家治理的成效乃至民族复兴使命的实现。但很显然，任何制度发挥作用的关键都在于执行，没有贯彻执行，再好的制度也只能是一纸具文。因此，研究党内法规制度执行问题，以期强化党内法规制度执行力建设，使党内法规真正发挥管党治党作用，就具有不言自明的重要意义。

第一节　党内法规及其制度执行力概述

作为党内根本法规的《中国共产党章程》(以下简称党章)规定：“中国共产党是中国工人阶级的先锋队，同时是中国人民和中华民族的先锋队，是中国特色社会主义事业的领导核心，代表中国先进生

〔1〕 中共中央党史和文献研究院编：《习近平关于全面从严治党论述摘编(2021 年版)》，中央文献出版社 2021 年版，第 53 页。

产力的发展要求，代表中国先进文化的前进方向，代表中国最广大人民的根本利益……中国共产党的领导是中国特色社会主义最本质的特征，是中国特色社会主义制度的最大优势。党政军民学，东西南北中，党是领导一切的。”[1] 基于此，作为我国万法之母的《宪法》也明确规定：“社会主义制度是中华人民共和国的根本制度。中国共产党领导是中国特色社会主义最本质的特征。禁止任何组织或者个人破坏社会主义制度。”[2] 换言之，中国共产党是一个有着先进性和纯洁性要求的政党，是我国唯一的执政党和中国特色社会主义事业领导核心。中国共产党在我国特殊的政治法律地位决定了办好中国的事情关键在党，在党要管党、全面从严治党。而在全面依法治国已经被提升到一个前所未有的历史高位且法治思维、法治理念已经深入人心的情势下，“治国必先治党，治党务必从严，从严必依法度”势必成为当代中国国家治理的基本逻辑，尤其是在党的十八届四中全会已经将全面依法治国上升为国家战略并将之作为“四个全面”战略重要组成部分的宏观背景之下！

党内法规是运用法治思维管党治党的基本依据和重要保障。“党内法规作为执政党借用规范主义工具建构起来的制度性规范，是我们党运用法治思维实现自我管理、自我约束的必然选择。”[3] 正因如此，党一直都高度重视党内法规制度建设，不仅十四大

---

〔1〕《中国共产党章程》，人民出版社 2017 年版，第 1 页。

〔2〕《中华人民共和国宪法》第 1 条。

〔3〕周叶中、汤景业：《关于“党章是党的总章程”的法学解读》，载《武汉大学学报（社会科学版）》2018 年第 4 期。

党章中将党内法规入章，明确规定了党内法规，〔1〕而且在党的十八届四中全会通过的《中共中央关于全面推进依法治国若干重大问题的决定》中明确将党内法规纳入中国特色社会主义法治体系，〔2〕并三令五申，反复强调党内法规制度建设的重要性，印发了《中央党内法规制定工作五年规划纲要（2013—2017 年）》《中共中央关于加强党内法规制度建设的意见》《中央党内法规制定工作第二个五年规划（2018—2022 年）》等在内的多部重要文件，对党内法规制度建设作出了整体部署。而且，2016 年 12 月还专门召开了党的历史上首次全国党内法规工作会议，专门指导推进党内法规制度建设。在此影响下，党内法规制度建设取得了丰硕成果，大量法规应运而生。而学界对党内法规的研究也蓬勃开展，不仅在全国成立了近百个党内法规研究中心或研

〔1〕 十四大党章第 44 条规定："党的各级纪律检查委员会的主要任务是：维护党的章程和其他党内法规，协助党的委员会加强党风建设，检查党的路线、方针、政策和决议的执行情况。各级纪律检查委员会要经常对党员进行遵守纪律的教育，作出关于维护党纪的决定；检查和处理党的组织和党员违反党的章程和其他党内法规的比较重要或复杂的案件，决定或取消对这些案件中的党员的处分；受理党员的控告和申诉。各级纪律检查委员会要把处理特别重要或复杂的案件中的问题和处理的结果，向同级党的委员会报告。党的地方各级纪律检查委员会和基层纪律检查委员会要同时向上级纪律检查委员会报告。各级纪律检查委员会发现同级党的委员会委员有违犯党的纪律的行为，可以先进行初步核实，如果需要立案检查的，应当报同级党的委员会批准，涉及常务委员的，经报告同级党的委员会后报上一级纪律检查委员会批准。"

〔2〕《中共中央关于全面推进依法治国若干重大问题的决定》指出，"依法执政，既要求党依据宪法法律治国理政，也要求党依据党内法规管党治党"，"党内法规既是管党治党的重要依据，也是建设社会主义法治国家的有力保障。党章是最根本的党内法规，全党必须一体严格遵行。完善党内法规制定体制机制，加大党内法规备案审查和解释力度，形成配套完备的党内法规制度体系。注重党内法规同国家法律的衔接和协调，提高党内法规执行力，运用党内法规把党要管党、从严治党落到实处，促进党员、干部带头遵守国家法律法规"。

究会，[1]且形成了数十本相关著作和上千篇论文等一大批有分量的研究成果。这对于进一步强化党内法规制度建设和助推全面从严治党战略来说，无疑具有不言自明的重要意义。

然而，“徒法不能以自行”。任何制度或法律法规都需要由人来执行或实施，其内容的变现离不开法之外的相关机制来加以保障。而制度的生命力在于执行，任何制度或法律法规如果得不到有效执行都将成为摆设，难以真正发挥作用，党内法规自然也不例外。就此而言，执行是党内法规制度发挥作用的关键，是党内法规制度效能最终得以转化和变现的基本保障。“法规制度的生命力在于执行，束之高阁会造成制度浪费，形同虚设会损害党的权威。”[2]

一、党内法规制度执行力建设的现状

（一）党的十八大以来党中央强调党内法规制度执行重要性的原因

党内法规制度建设的目的在于增强党依法执政本领，加强和改善对国家政权机关的领导，其基础在于制定党内法规，但关键则在于确保这些法规得到有效执行，能够发挥管党治党的作用，否则其将形同虚设。这一点，从党的十八大前后党内法规在管党治党实效

〔1〕 如武汉大学党内法规研究中心、新疆党内法规研究中心、重庆市党内法规研究中心、上海社会科学院法学研究所党内法规研究中心、玉溪市党内法规研究中心、上海政法学院党内法规研究中心、广东外语外贸大学党内法规研究中心、中山大学党内法规研究中心、内蒙古大学党内法规教育中心、湘潭大学党内法规研究中心以及北京市党内法规研究会、山东省法学会党内法规研究会、河南省法学会党内法规研究会、广东法学会党内法规研究会等。

〔2〕 宋功德：《党规之治：党内法规一般原理》，法律出版社 2021 年版，第 119 页。

的转变上可以得到充分印证。党十八大之前，党中央也一直关注和重视党内法规制度建设，党内法规制度建设一直都在不断推进，然而，由于严重的"重制定轻执行"问题，很多法规都形同虚设，导致党内纪律松弛、腐败滋生，一些蛀虫（尤其是一些"大老虎"）没有得到应有惩治。而党的十八大之后，尤其是《中共中央政治局关于改进工作作风、密切联系群众的八项规定》（以下简称《八项规定》）颁布实施后，党内法规制度执行状况有了根本性改变。《八项规定》从规范行为入手，不仅改变了党员干部的行为，而且由表及里，深入人心，起到了净化党员思维观念与纯洁党性的效果，也提升了普通百姓对党的满意度和信心。党风、政风得到净化，也促进了社会风气的转变。〔1〕而该规定成为引领党内法规制度建设全面进入新阶段的号角。自此之后，很多党内法规都以雷厉风行的态势得到比较认真的执行，开始在管党治党方面持续发挥作用，使党内政治生态展现出新气象，反腐败斗争取得压倒性胜利，全面从严治党取得重大成果。这充分表明，作为一种以实现管党治党为目的的党内规范，如果党内法规拥有相应的执行力，能够得到严格执行，则其不仅能够对执政党带来根本性改变，也会对整个国家和社会带来深远影响。在全面从严治党乃至全面依法治国过程中，必须要重视并强化党内法规制度执行力建设。

然而，我们党面临的"四大考验""四种危险"是长期的、尖锐的，影响党的先进性、弱化党的纯洁性的因素也是复杂的，党内存在的思

〔1〕 参见王明杰：《"八项规定"带来的巨大改变》，载《人民论坛》2017年第1期。

想不纯、政治不纯、组织不纯、作风不纯等突出问题尚未得到根本解决。一些老问题反弹回潮的因素依然存在，实践中还在出现一些新情况新问题。在党员、干部队伍中，有的不守政治纪律和政治规矩，妄议中央大政方针，当面一套、背后一套，当两面派、做两面人；有的理想信念"总开关"常年失修，对共产主义心存怀疑，不信马列信鬼神，世界观、人生观、价值观全面蜕变；有的干事创业精气神不够，不担当、不作为，奉行"既不落后头，也不出风头"，怕决策失误，不敢拍板定事，干工作推诿拖延；有的热衷于搞"小圈子""拜码头""搭天线"；有的反对形式主义、官僚主义、享乐主义和奢靡之风不坚决、不彻底，要花样，搞变通；有的不顾党中央三令五申，依然不收敛、不收手，以权谋私、腐败堕落；有的基层党组织政治功能不强，弱化、虚化、边缘化问题没有解决；有的地方人才队伍发展不平衡不充分、创新创造活力不强，有的引才不切实际，贪大、贪高、贪洋；有的地方和单位管党治党意识不强，履行管党治党政治责任不到位，甚至不愿不屑抓党建；等等。这些问题，严重破坏党的团结和集中统一，严重影响党和人民事业发展。〔1〕在这样的情势下，作为旨在"规范党的领导和党的建设活动"〔2〕、管党治党重要依据与保障的党内法规，显然需要继续被重视和强化。而党内法规制度执行力建设则直接关涉党内法规制度能否真正发挥管党治党的作用，关涉党内法规制度建设的实效，是我们继续重视和强化党内法规制度建设乃至深入实施全面从严治党战略时

〔1〕 中共中央党史与文献研究院编：《习近平关于全面从严治党论述摘编（2021年版）》，中央文献出版社2021年版，第39–40页。

〔2〕《中国共产党党内法规制定条例》第3条。

必须要重点关注和强化的一个关键内容。

正是在这种背景下，党内法规制度执行力问题受到了前所未有的高度关注，党的十八届四中全会通过的《中共中央关于全面推进依法治国若干重大问题的决定》指出，“注重党内法规同国家法律的衔接和协调，提高党内法规执行力，运用党内法规把党要管党、从严治党落到实处，促进党员、干部带头遵守国家法律法规”。党的十九届四中全会通过的《中共中央关于坚持和完善中国特色社会主义制度　推进国家治理体系和治理能力现代化若干重大问题的决定》指出，“制度的生命力在于执行。各级党委和政府以及各级领导干部要切实强化制度意识，带头维护制度权威，做制度执行的表率，带动全党全社会自觉尊崇制度、严格执行制度、坚决维护制度。健全权威高效的制度执行机制，加强对制度执行的监督，坚决杜绝做选择、搞变通、打折扣的现象”〔1〕。《中共中央关于加强党内法规制度建设的意见》明确指出，提高党内法规制度执行力，要坚持以上率下，从各级领导机关和党员领导干部做起，以身作则、严格要求，带头尊规学规守规用规。加强学习教育，加大党内法规宣讲解读力度，将党内法规制度作为各级党委（党组）中心组学习重要内容，纳入党校、行政学院、干部学院必修课程。强化监督检查，将党内法规制度实施情况作为各级党委督促检查、巡视巡察的重要内容，对重要党内法规制度实施情况开展定期督查、专项督查。加大责任追究和惩处力度，严肃查

---

〔1〕《中共中央关于坚持和完善中国特色社会主义制度　推进国家治理体系和治理能力现代化若干重大问题的决定》，载《共产党员》2019年第23期。

处违反和破坏党内法规制度的行为。完善备案审查制度，建立贯通上下的备案工作体系，建立备案工作考核通报制度。而包括《中央党内法规制定工作五年规划纲要（2013—2017年）》以及《中央党内法规制定工作第二个五年规划（2018—2022年）》等在内的多部党内规范性文件也无不对党内法规制度执行力建设给予高度强调。

（二）当前党内法规制度执行的形势与要求

当下，中国共产党已经走过了百年历程，“坚持依规治党，形成比较完善的党内法规体系”则成为党领导全国人民取得革命和建设事业成功的基本经验和关键保证。在党已经实现了第一个百年目标，正在朝向第二个百年目标努力奋进的情势下，党内法规制度建设已经站在新的历史起点上，迎来新的机遇和挑战，需要有新的开局，在管党治党方面有新的作用。而制度执行力建设是党内法规制度建设中最为重要、最为关键的一环，缺少执行这一环节或者执行打了折扣、有了变通，党的活动、工作以及党员的行为就无法被真正纳入制度化、规范化的轨道，制度建设的质量和效果就难以保障，甚至有功亏一篑的危险。正因如此，习近平总书记指出，“制度一经形成，就要严格遵守，坚持制度面前人人平等、执行制度没有例外，坚决维护制度的严肃性和权威性，坚决纠正有令不行、有禁不止的各种行为，使制度真正成为党员、干部联系和服务群众的硬约束，使贯彻党的群众路线真正成为党员、干部的自觉行动”〔1〕。如果制度不

〔1〕 中共中央文献研究室编：《十八大以来重要文献选编》（上），中央文献出版社2014年版，第318–319页。

"长牙"、纪律不"带电",党规党纪也就失去了存在的价值,也就无法推动管党治党从"宽松软"走向"严紧硬",党的制度优势更无法转化为国家治理的实际效能。从实践情况看,党内法规的执行在党内法规制度建设中仍然是一个短板,高度重视并抓好党内法规执行,是当前一项十分重要而紧迫的任务。[1]

当前,在党内法规历经百年已经形成了比较完善的体系的情况下,制度执行力成为相对而言更需要直面和解决的问题。正如习近平总书记指出的,"存在一些重制定、轻执行的问题,有的制度先紧后松,有的上紧下松,有的外紧内松,有的违反之后未得到及时惩处,产生'破窗效应'"[2]。"现实生活中,组织不执行法规制度、个人不遵守法规制度的现象比比皆是。有的法规制度意识淡薄,没有养成按照法规制度办事的习惯;有的对法规制度阳奉阴违,搞'上有政策、下有对策';有的对法规制度采取实用主义态度,合意的就执行,不合意的就不执行;有的甚至根本没有把法规制度放在眼里,为所欲为、独断专行,将个人凌驾于法规制度之上,使法规制度形同虚设。"[3]制度执行力及其所体现的治理能力已成为影响我国社会主义制度优势充分发挥,制约党和国家事业顺利发展的重要因素。就政党而言,执行力体现的就是政党的战斗力、组织力和公信力,体现的是党的政治执行力。如果党内法规制度执行不到位或不执行就形

---

〔1〕 参见宋功德、张文显主编:《党内法规学》,高等教育出版社 2020 年版,第 334 页。

〔2〕 参见姜结、江琳:《浓墨重彩书写依规治党新篇章——以习近平同志为核心的党中央二〇一九年推进党内法规制度建设综述》,载《人民日报》2020 年 3 月 18 日,第 1 版。

〔3〕 习近平:《论坚持全面依法治国》,中央文献出版社 2020 年版,第 154 页。

同虚设，只是写在纸上、贴在墙上、编在手册里、晒在网上，就变成了“稻草人”“纸老虎”“橡皮泥”“松紧带”，就会形成“破窗效应”，全面从严治党也就很难形成稳定的、持久的、常态化的成效。制定一百条好的法规制度，不如把一条法规制度执行到位。如果现有的制度得不到贯彻执行，制定再多的新制度也无济于事。

党的十八大以来，党中央以“抓铁留痕、踏石留印”的决心和作风，以执纪监督的“四种形态”优化执行程序、细化执行标准，总体上大大提高了党内法规制度的执行力，但目前一些党组织和少数党员干部在贯彻落实党内法规制度方面还存在歪曲执行、逃避执行、打折执行、虚假执行、选择执行、越位执行、被动执行、盲目执行、错误执行甚至有令不行、有禁不止等诸多不容忽视的问题。习近平指出，“一分部署还要九分落实。制度制定很重要，更重要的是抓落实，九分气力要花在这上面”〔1〕，“现在，我们有法规制度不够健全、不够完善的问题，但更值得注意的是已有的法规制度并没有得到严格执行”〔2〕。而有制度不执行比没有制度造成的后果更严重，因为它会直接损害制度自身的信用，影响人们对制度的信任和依赖，甚至对制度治理丧失信心，而且，有制度不执行会严重浪费基于制度生成而需要支付的资源，增加国家治理和社会运行的成本。从经验的角度上来说，党的十一届三中全会以来，我们的改革取得了令世人

---

〔1〕 中共中央纪律检查委员会、中共中央文献研究室编:《习近平关于严明党的纪律和规矩论述摘编》，中央文献出版社、中国方正出版社 2016 年版，第 81 页。

〔2〕 中共中央纪律检查委员会、中共中央文献研究室编:《习近平关于严明党的纪律和规矩论述摘编》，中央文献出版社、中国方正出版社 2016 年版，第 89 页。

瞩目的历史性成就。而改革之所以取得如此伟大的历史性成就，根本原因就在于我们具有非常强的政治执行力，坚定不移执行各项党的政策、法规以及国家的法律制度；就在于我们能够让铁纪生威，让国法发力。就此而言，只有不折不扣地执行党内法规及其制度，才能实现党的长期执政、科学执政。

二、党内法规及其制度执行力的概念

从研究的角度上来说，“哲学社会科学深入研究和理论创新的一个重要切入点，是从基本概念开始”[1]，概念的确定是获得对研究对象更深刻理解与科学把握的前提与基础；换言之，获得某种清晰明确的概念，并进而形成相关的范畴、体系，是认识并区分事物的逻辑前提，也是把握事物发展规律的必由之路。党内法规研究显然也是如此。党内法规制度执行力建设作为党内法规研究的一个重要方面也必须要关注基本概念的研究，尤其是有关党内法规及其制度执行力的概念。

（一）什么是党内法规

1. 党内法规在党的文本中的概念

在党的文件中，党内法规及类似概念最早出现于 1938 年扩大的六届六中全会相关文件中，毛泽东同志最先在报告中使用了这一

---

〔1〕 李林：《科学定义“党内法规”概念的几个问题》，载《东方法学》2017 年第 4 期。

概念。刘少奇代表中央所作的《党规党法的报告》中再次使用了这一概念，刘少奇同志指出，“要保证党的团结与统一，除政治上思想上之统一外，条文上亦应规定法律上非团结不可，以避免个别人破坏党的团结与统一。并以此党规与党法去教育同志”，“中央委员及政治局委员在执行此党规党法上应表现为模范”〔1〕。然而，该报告并没有对党规党法的概念加以界定。此外，在包括 1945 年 5 月中共七大会议刘少奇所做的《关于修改党章的报告》、邓小平在 1978 年 12 月党的十一届三中全会上做的报告《解放思想，实事求是，团结一致向前看》以及 1980 年 2 月 29 日中国共产党十一届五中全会通过的《关于党内政治生活的若干准则》等党内文件中都再次使用了党内法规或党规党法的概念。但遗憾的是，这些文件中都没有明确界定党内法规或党规党法的概念。一直到 1990 年 7 月 31 日中共中央印发的《中国共产党党内法规制定程序暂行条例》(以下简称 1990 年《制定程序暂行条例》)才首次明确界定了党内法规的概念。

1990 年《制定程序暂行条例》第 2 条规定：“党内法规是党的中央组织、中央各部门、中央军委总政治部和各省、自治区、直辖市党委制定的用以规范党组织的工作、活动和党员的行为的党内各类规章制度的总称。”2012 年 5 月印发的《中国共产党党内法规制定条例》(以下简称 2012 年《制定条例》，已被修改)则对该概念做了首次修改，依据 2012 年《制定条例》第 2 条，“党内法规是党的中央

〔1〕 中共中央文献研究室、中共中央党校编：《刘少奇论党的建设》，中央文献出版社 1991 年版，第 46–47 页。

组织以及中央纪律检查委员会、中央各部门和省、自治区、直辖市党委制定的规范党组织的工作、活动和党员行为的党内规章制度的总称”。2019年8月修订的《中国共产党党内法规制定条例》(以下简称2019年《制定条例》)则再次对这一概念进行了修改,依据2019年《制定条例》,“党内法规是党的中央组织,中央纪律检查委员会以及党中央工作机关和省、自治区、直辖市党委制定的体现党的统一意志、规范党的领导和党的建设活动、依靠党的纪律保证实施的专门规章制度”[1]。从党内“立法法”的相关规定来看,党内法规概念在党内“立法法”中的文本表述经历了一个不断修改和逐渐完善的过程,其内涵和外延是渐次清晰和明确的。这体现了党内法规这一概念本身的复杂性,也反映了制定部门在这一问题上的努力。但很显然,这些概念界定还存在明显的不足。

2. 党内法规文本有关党内法规概念的不足

首先,就1990年《制定程序暂行条例》对党内法规概念的界定来看,该界定相对较为模糊。因为从制度治党的角度上来说,党内用以规范党组织的工作、活动和党员的行为的规章制度有很多,既有成文的,也有不成文的;既有政策性的,也有法律性的。而在如此众多的党内规章制度中,党内法规作为“党内具有法律性质的规范”[2],显然只是其中的一部分。但这一概念表述中并没有指明这一点,没有明确党内法规与其他党内规章制度的区别。不仅如此,党

〔1〕《中国共产党党内法规制定条例》第3条。

〔2〕刘长秋:《论党内法规的含义及其制度建设的要求》,载《探索》2019年第3期。

内法规作为一种法，是党内统一意志的体现，这是其本质属性。党内法规作为中国特色社会主义法治体系的重要组成部分，作为一种特殊类型的法，是作为中国特色社会主义事业领导核心的中国共产党统一意志的体现，是党内具有法律性质的规范。这是党内法规相比于国家法、党内规范性文件以及其他党的法规的质的规定性。而这一质的规定性并没有在党内法规概念中被明确加以表达。这使党内法规的内涵与外延在 1990 年《制定程序暂行条例》中比较模糊不清。而且，在党内法规制定主体上，1990 年《制定程序暂行条例》将党内法规制定主体规定为“党的中央组织、中央各部门、中央军委总政治部和各省、自治区、直辖市党委”，但一般认为，中央军委也属于党的中央组织，因此，将中央军委总政治部作为党内法规制定主体单独加以强调并不适合。相反，中央纪律检查委员会通常不被认为属于党的中央组织，而其实际上具有党内法规制定权，但依据该概念不在党内法规制定主体之列。此外，就调整事项的范围来看，1990 年《制定程序暂行条例》对党内法规概念的界定将党内法规调整的事项限定在党组织的工作、活动和党员的行为，但实际上党内法规的调整事项远不止这些，还涉及党员的思想领域，甚至对思想意识领域的调整是党内法规调整相比于国家法调整的一个特色和优势。“用以规范党组织的工作、活动和党员的行为的党内各类规章制度的总称”显然与党内法规的实际范围不符。

其次，就 2012 年《制定条例》对党内法规概念的界定来看，该概念基本上延续了 1990 年《制定程序暂行条例》有关党内法规概念的文本表述，只是在党内法规制定主体上有所变化，即将中央军委总政治部替换为中央纪律检查委员会，使党内法规制定主体的表述更加科学，并删除了原先概念中的“各类”一词，避免了表述上的冗余。但就人们正确理解和把握党内法规的内涵与外延而言，《制定条例》相比于《制定程序暂行条例》而言并没有实质性促进。正因如此，尽管《制定条例》在党内具有“立法法”的地位，在指导党内法规制度建设乃至党内法规学术研究方面具有足够权威，但在指导人们正确认识党内法规方面并没有发挥预期作用，以至于在党中央以及各个地方对党内法规进行集中清理时，很多从事党内法规工作的人对党内法规以及党内规范性文件的边界依旧把握不清。

最后，2019 年修订后的《制定条例》对党内法规概念的界定有明显进步，但仍有完善发展的空间。相比较而言，2019 年《制定条例》对党内法规概念的界定相比于 1990 年《制定程序暂行条例》与 2012 年《制定条例》变化较大。其中，最明显的变化在于三个方面：其一，明确指出党内法规是体现党的统一意志的专门规章制度；其二，指出党内法规是规范党的领导和党的建设活动的专门规章制度；其三，指出党内法规赖以实施的基础在于党的纪律，即党内法规是依靠党的纪律保证实施的专门规章制度。应该说，这一界定相比之前的两次界定而言更为具体和细致，也更加接近党内法规的内涵。然而，这一界定依然存在可商榷之处，具体包括：(1)党内法规与纪律的关系方面存在一些模糊。这一界定在把握党内法规和党的纪律的关系上也存在一些问题，似乎与党内法规自身的应有定位不符。党内法规的概念最初是由毛泽东同志首先使用的，其内涵何在，外延又应止于何处，显然需要具体分析和考察这一概念最初运用时的本意。[1]从毛泽东同志使用该概念的最初文本来看，毛泽东同志在1938年扩大的党的六届六中全会报告中指出，“纪律是执行路线的保证，没有纪律，党就无法率领群众与军队进行胜利的斗争。在过去，由于克服了张国焘一类破坏纪律的倾向，保证了抗日民族统一战线与抗日战争的顺利执行。在今后，又必须坚持这种纪律，才能团结全党，克服新的困难，争取新的胜利。在这里，几个基本原则是不容忽视的：（一）个人服从组织；（二）少数服从多数；（三）下级服从上级；（四）全党服从中央。这些就是党的民主集中制的具体实施，谁破坏了它们，谁就破坏了党的民主集中制，谁就给了党的统一团结与党的革命斗争以极大损害。为此原故，党的各级领导机关，应该根据上述那些基本原则，给全党尤其是新党员以必要的纪律教育。过去经验证明：有些破坏纪律的人，由于他们不懂得什么是党的纪律。有些明知故犯的人，例如张国焘一类，则利用一部分党员的无知以售其奸。所以纪律教育，不但在养成一般党员服从纪律的良好作风上，是必要的；而且在监督党的领袖使之服从纪律，也有其必要。党的纪律是带着强制性的；但同时，它又必须是建立在党员与干部的自觉性上面，绝不是片面的命令主义。为此原故，从中央以至地方的领导机关，应制定一种党规，把它当作党的法纪之一部分。一经制定之后，就应不折不扣地实行起来，以统一各级领导机关的

〔1〕　参见刘长秋：《论党内法规的含义及其制度建设的要求》，载《探索》2019年第3期。

行动，并使之成为全党的模范”[1]。立足于当时的党内环境以及语境，党内法规的概念之所以被提出并使用，其目的在于进一步突出和强调党的纪律，而党规本身也是党的法纪的一部分；换言之，党中央之所以要制定党内法规，其目的在于通过不折不扣地实行这些“党规”来强化纪律教育，增强党员纪律意识，以确保党的纪律的严格执行，也就是说，制定和实施党内法规是为了用来保证党的纪律之执行的，而不是反过来，依靠党的纪律来保障党内法规的执行。以此来加以分析，2019 年《制定条例》第 3 条对党内法规概念的界定显然与党内法规这一概念在最初被提出和使用时的党内法规与党的纪律之间的关系不一致。(2)没有指出党内法规应当具备的形式要求与名称要求。党内法规是党内具有法律性质的规范，[2]这是党内法规的本质内涵所在。但很显然，党内法规除了这一本质内涵之外，还应当有自己的外延。依据《中国共产党党内法规制定条例》相关规定，党内法规的名称为党章、准则、条例、规定、办法、规则、细则。党内法规一般使用条款形式表述，根据内容需要可以分为编、章、节、条、款、项、目。[3]党内法规是有着特定形式要求乃至名称要求的党内规范，但以上概念显然没有将党内法规的形式要求与名称要求也作为界定党内法规应当包含的因素考虑其中，使人们通过现有党内法规概念去理解和把握党内法规依旧会感到模糊和不确定。(3)没有

---

〔1〕 中共中央党史研究室第一研究部编：《共产国际、联共(布)与中国革命文献资料选辑(1938—1943)》，中共党史出版社 2012 年版，第 633 页。

〔2〕 参见刘长秋：《论党内法规的含义及其制度建设的要求》，载《探索》2019 年第 3 期。

〔3〕 参见《中国共产党党内法规制定条例》第 5 条、第 6 条。

保持党内法规概念体系应当具有的开放性。党内法规的优势在于其具有一定的开放性与灵活性，能够根据党的政治任务的变化而随之变化，以服务于党的政治活动的需要。为此，需要“保持党规概念体系的开放性”[1]，以为将来可能出现的变化留出空间，从而更好地适应政治发展的需要。如在党内法规制定主体上，如无必要，不宜过于明确，完全可以用法规规定的有权制定党内法规的主体来涵盖。2019年《制定条例》中的党内法规概念尽管进一步明确了党内法规制定的主体，但似乎过于具体和固化，没有为将来有可能下放党内法规制定权留出空间。

3. 党内法规应当如何被正确界定

我们认为，党内法规概念在党内法规现行文本中的表述应当明确党内法规的内涵与外延，除了需要明确党内法规制定的主体之外，还需要对其调整对象与调整目的以及基本特性或特征等加以框定。

具体而言，就党内法规的特性和特征来说，党内法规作为党内具有法律意义的规范，具有明显的法律属性，对党的各级组织以及所有党员来说具有法律上的约束力，对各级党组织和党员来说，遵守党内法规是其作为党的组织或党员的基本义务。而这显然是其区别于党内规范性文件的最明显之处。也正因如此，党内法规与党内规范性文件相比具有更强的规范性要求，甚至具有明显的形式与内容等方面的要求。例如，在名称上要求以党章、准则、条例、规定、

〔1〕 宋功德：《党规之治》，法律出版社2015年版，第262页。

办法、规则、细则为名称，即“党内法规应当使用专属名称”[1]；在内容上要求，“凡是涉及创设党组织职权职责、党员义务权利、党的纪律处分和组织处理的，只能由党内法规作出规定”[2]；而在形式上则要求一般使用条款形式表述，并根据内容需要分为编、章、节、条、款、项、目，不仅如此，党内法规在发布上也应当使用专门的形式，即“党内法规以文件形式发布”[3]。不仅如此，理论上来说，党内法规概念应当具有一定的开放性和包容性，以为将来可能下放党内法规制定权留有余地。除此之外，相比于国家法，党内法规作为介于国家法与伦理道德之间的一种规范，不仅能够对党员的行为规范作出要求，而且需要对党员的思想作出要求；换言之，党内法规不仅是党员的行为规范，也是党员的思想规范。“党内法规已经超越了单纯对行为的调整，而触及了党员的内心和灵魂，这是国家法律所不能胜任的。”[4]正因如此，党内法规中才得以存在大量旨在调整党员思想的制度规范，如《中国共产党纪律处分条例》第 3 条规定，“党组织和党员必须牢固树立政治意识、大局意识、核心意识、看齐意识，自觉遵守党章，严格执行和维护党的纪律，自觉接受党的纪律约束，模范遵守国家法律法规”。《中国共产党党内监督条例》第 8 条规定，“党的领导干部应当强化自我约束，经常对照党章检查自己的言行，自觉遵守党内政治生活准则、廉洁自律准则，加强党性修养，陶冶道德

〔1〕 宋功德:《党规之治：党内法规一般原理》，法律出版社 2021 年版，第 25 页。
〔2〕《中国共产党党内法规制定条例》第 4 条第 2 款。
〔3〕 宋功德:《党规之治：党内法规一般原理》，法律出版社 2021 年版，第 33 页。
〔4〕 李树忠:《党内法规与国家法律关系的再阐释》，载《中国法律评论》2017 年第 2 期。

情操，永葆共产党人政治本色”。《中国共产党党员教育管理工作条例》第9条规定，“加强政治理论教育，突出党的创新理论学习，组织党员学习党的基本理论、基本路线、基本方略，学习马克思主义基本原理和党的基本知识，引导党员坚定理想信念，增强党性修养，努力掌握并自觉运用马克思主义立场观点方法”。而这些特性与特征显然应当被明确在党内法规概念之中，以利于其适用对象更准确地把握党内法规的内涵和外延。

基于以上分析，今后修改以继续完善《中国共产党党内法规制定条例》时，应当对党内法规概念的表述加以完善，使这一表述更加科学准确，以利于人们精准把握党内法规概念的内涵与外延。笔者认为，党内法规的概念可以在法规文本中作如下表述：党内法规是具有法规制定权的党的中央组织及其工作部门、中央纪律检查委员会以及党的地方组织制定的体现党的统一意志、具有特定形式和规范要求、旨在调整党内关系以实现管党治党为目的的、具有法律约束力的党内思想与行为规范的总称。〔1〕

（二）什么是党内法规制度执行力

1. 学界有关制度执行力的研究

“执行力”最初是企业管理学中的一个概念，流行于国外企业界，很多学者对这一问题展开过研究。近年来，国内对这一问题的研究也开始起步，并在公共管理学领域提出了“公共政策执行力”的

〔1〕 参见刘长秋：《论党内法规概念在〈中国共产党党内法规制定条例〉中的文本表述》，载《党内法规理论研究》2021年第1期。

概念。而随着国内外理论与实务界对企业管理过程中执行力问题研究的逐渐深入，执行力这一概念逐步被引入行政管理领域以及法学研究领域，用以强调制度执行或法律执行的效果与力度。现在，国内外有关执行力尤其是有关制度执行力方面的研究成果已经大量涌现，成为管理学、政治学乃至法学研究领域的一个研究热点。而随着党内法规在我国全面依法治国战略与全面从严治党战略中作用的日益显现，以及过去很长一段时期内党内法规制度建设“重制定轻执行”现象所带来的党内法规执行力建设的羸弱，有关党内法规执行力建设的研究也已经开始为一些学者所涉足，成为党内法规理论研究的一项重要内容。

梳理现有研究成果，目前学者主要从以下几个方面对党内法规制度执行力问题进行了研究：

（1）对党内法规制度执行力内涵、外延及其逻辑进行研究。要提高党内法规制度执行力，首先需要弄清楚什么是党内法规制度执行力，党内法规制度执行力建设的逻辑是什么，这是研究党内法规制度执行力的基础。学界对此进行了一定研究。例如，李秋风就对党内法规制度执行力的理论内涵和提升路径进行了研究，他认为，“从实践看，党内法规制度执行力是指党内法规制度实施主体在充分认同党内法规精神的基础上，精心设计执行方案，有效使用、调配各种党内资源，将党内法规的立规宗旨和抽象的文本行为规范转化为全党具体行为方式的能力和效力。党内法规制度执行力贯穿党内法规实施过程始终，是一个动态的过程，如在执行前期主要表现为科学领会党内法规、周密制订执行计划；在执行过程主要表现为组织管控、方法创新；在执行后期主要是评估反馈、问责纠偏”。[1]而唐莹瑞与赵晓强则立足于实践理性的视角探讨了党内法规制度执行力的形成逻辑。他们认为，从实践理性视角出发，良善原则可以为实践主体提供本质动机，效能原则可以为实践主体提供担保，正当原则则为实践主体采取的行动提供合法凭据，三者为提高党内法规制度执行力提供有力的理论支撑。[2]张亚勇则探讨了新时代强化党内法规制度执行力的逻辑考量与实践路径，认为提升党内法规执行力是推进依规治党和制度治党的核心要义，是解决新时代党的建设中存在问题的必然选择，有着深刻的历史逻辑、法治逻辑、治理逻辑和治党逻辑。在此基础上，他认为，提升制度意识和执行能力、科学制定党内法规制度、健全制度执行的体制机制、加强对制度执行情况的监督是强化党内法规制度执行力的有效实践路径。[3]

（2）对党内法规制度执行力在实践中的问题及其成因与对策进行研究。党内法规制度执行力研究的目的在于梳理并发现实践中的问题，并弄清其成因，在此基础上提出相应对策。这是强化党内法规制度执行力建设的关键。学界对此进行了较多研究。例如，庞鹏立足于法治思维的视角探讨了党内法规执行力建设面临的障碍与对策，认为以法治思维推进党内法规执行面临着诸多挑战，对其

---

〔1〕　李秋风：《党内法规制度执行力的理论内涵和提升路径》，载《理论建设》2018 年第 4 期。

〔2〕　参见唐莹瑞、赵晓强：《试论党内法规制度执行力的形成逻辑——基于实践理性的视角》，载《长白学刊》2018 年第 5 期。

〔3〕　参见张亚勇：《新时代强化党内法规制度执行力的逻辑考量与实践路径》，载《中共天津市委党校学报》2020 年第 5 期。

完善应该从宏观以及微观两个层面入手。〔1〕尹曼潼与黄天弘分析了党内法规在执行过程中存在懈怠性执行、选择性执行、曲解性执行等问题，并从统筹立改废释，保证党内法规制定的科学性等方面提出了应对策略建议。〔2〕邓宏涛与黄建军则分析了基层党组织执行党内法规的现实梗阻以及改进进路，认为“依规治党落地缓慢，基层组织认知偏差”“良性法纪文化匮乏，消极利己心态滋生”“党员主体地位缺失，价值理性弱化担当”“监督检查方式单一，体制机制空转乏力”是导致基层党组织执行党内法规出现现实梗阻的主要原因，并从“抓住关键少数，落实执行责任”“夯实组织基础，发挥支部作用”“充分发扬民主，凝聚执行合力”“建强人才队伍，从严从紧执纪”“强化监督检查，持续真抓严管”五个方面提出了具体对策建议。〔3〕邵帅则立足于党内法规执行文化的角度探讨了党内法规执行的问题与对策。他认为目前实践中，党内法规执行文化相对匮乏并且作用不力，在一定程度上存在党员对党内法规执行“认知不清楚”“思想不认同”“认同不稳定”等问题，并分析了问题的根源与强化路径。〔4〕而江龙与邓燕则从中央派驻机构党建工作实践的立场指出了党建工作内控体系与党内法规的执行力之间的关系，认为应当

〔1〕 参见庞鹏:《以法治思维推进党内法规执行》，载《延边党校学报》2018 年第 3 期。

〔2〕 参见尹曼潼、黄天弘:《党内法规执行中存在的问题及其破解》，载《中州学刊》2021 年第 3 期。

〔3〕 参见邓宏涛、黄建军:《基层党组织执行党内法规的现实梗阻与逻辑进路》，载《延安大学学报（社会科学版）》2020 年第 6 期。

〔4〕 参见邵帅:《依规治党进程中党内法规执行文化的基本内涵与实践反思》，载《广西社会科学》2021 年第 6 期。

强化党建工作内控体系，以提升党内法规执行力。[1]此外，操申斌、胡国喜、梁瑞英、邵从清、梁静、袁海晗、蔡文华、王海以及石佑启与李杰、张翠莉、谢忠平、杜杰与刘丽、施新州、禹竹蕊、金成波与郭晓丽、宋伟雄、周悦丽等也都从不同的角度探讨了党内法规制度执行力方面存在的不足，并提出了相应对策建议。整体来看，这类研究在目前党内法规制度执行力研究方面占了绝大多数。

（3）对党内法规执行责任制进行研究。党内法规制度执行责任制是强化党内法规制度执行力过程中最为重要的制度之一，如何具体落实该制度，是党内法规发挥自身效能的关键。学界有学者对此也展开了研究。例如，王由海就专门对党内法规执行责任进行了研究。他认为，执规责任制的兴起既是对当前党内法规执行不力的回应，更与共产党全力推动依法治国、依规治党，实现党的治理现代化的努力密不可分。而执规责任制是由一系列相互独立、相互配合的要素构成的治理系统，包括执规的主体要素、内容要素、保障要素、监督要素，整体上明确了各级各类组织和党员领导干部的执规责任。不仅如此，他认为，执规责任制的形塑蕴含法治型政党、责任型政党、回应型政党的深刻理论逻辑，显示中国共产党依规治党已经从自发状态、自主推进进入自由规划阶段。[2]曾钰诚则认为，2019 年《党内法规执行责任制规定（试行）》的出台成功塑造了“党内法规执行责任制”这一针对性调整党内法规执行关系、回应党内法规执行

〔1〕 参见江龙、邓燕：《党建工作内控体系与党内法规的执行力——基于中央派驻机构党建工作实践》，载《中国党政干部论坛》2017 年第 10 期。

〔2〕 参见王由海：《党内法规执行责任制研究》，载《理论导刊》2021 年第 8 期。

问题的制度形式，但该制度内容设置存在责任机制可操作性较差、党内监督机制不完善、激励机制不健全，以及动员机制缺乏监督力、权威力、整合力等突出问题，这削弱了党内法规执行责任制的有效性。基于此，他认为应通过制定执规责任清单、完善监督机制、健全激励机制以及扩充动员机制主体范围等路径方式推动党内法规执行责任制的制度内容逐步优化，以此更有效发挥推进执规履责的制度功能。[1]祝捷与陈文菊则对党内法规执行责任制的理论探索与制度构造进行了研究，认为党内法规执行责任制作为政党责任制的一种，本质上是中国共产党追求制度效用，实现"党规之治"的意志表达。而党内法规执行责任制的生成逻辑可从价值、理论、实践三个层面透视，即维护和发展最广大人民的根本利益构成党内法规执行责任制生成的根本价值动力，提升党内法规制度执行力、实现党规之治以及推进国家治理体系和治理能力现代化则构成党内法规执行责任制生成的直接价值动力；党内法规之中权力、义务、责任的统一论，是党内法规执行责任制生成的内在机理；党内法规执行"宽松软"的现实困境及党内法规制度建设从"立规"向"执规"的重心转移，提供了党内法规执行责任制建构的实践动力。基于此，他们认为，党内法规执行责任制的运行有赖于责任构成机制、责任监督机制、责任追究机制、宣传教育机制等一系列机制的有效运作，这些机制共同构成了党内法规执行责任制的制度内容。[2]

---

〔1〕 参见曾钰诚：《党内法规执行责任制的制度内容及其优化》，载《甘肃社会科学》2021年第3期。

〔2〕 参见祝捷、陈文菊：《党内法规执行责任制的理论探索与制度构造》，载《社会科学》2022年第5期。

（4）其他相关研究。党内法规制度执行力建设涉及党员思想、党内组织保障及其资源配置、党内法规执行评估等，这些问题也都引发了学者们的关注和探讨。例如，蒙慧与李伟立足于执行资源配置和优化的角度探讨了优化党内法规执行力的路径；[1]商植桐等从思想借鉴的角度分析了道儒法墨思想对提升党内法规执行力的启示；[2]宋琳璘与汪全胜则对党内法规执行评估指标体系的构建进行了研究；[3]而丁晨光则对国内党内法规制度执行力研究的状况进行了较为系统的梳理。[4]

除以上研究外，宋功德的《党规之治》（法律出版社 2015 年版）、李忠的《党内法规建设研究》（中国社会科学文献出版社 2015 年版）、李军的《中国共产党党内法规研究》（天津人民出版社 2016 年版）、李斌雄的《扎紧制度的笼子：中国共产党党内法规制度的重大发展研究》（武汉出版社 2017 年版）、周敬青等的《党的制度创新与执行成效研究》（人民出版社 2014 年版）、秦强编著的《以党内法规扎紧制度笼子》（人民日报出版社 2019 年版）、章志远主编的《党内法规学原论》（中国法制出版社 2020 年版）、柯华庆主编的《党规学（党员干部版）》（人民出版社 2020 年版）以及宋功德、张文显主编的

---

〔1〕 参见蒙慧、李伟：《党内法规执行资源问题研究》，载《学术探索》2017 年第 1 期。

〔2〕 参见商植桐、张珩、刘玲玉、田雨鑫：《道儒法墨思想对提升党内法规执行力的启示》，载《石家庄铁道大学学报（社会科学版）》2018 年第 3 期。

〔3〕 参见宋琳璘、汪全胜：《党内法规执行评估指标体系构建研究》，载《江西社会科学》2021 年第 11 期。

〔4〕 参见丁晨光：《党内法规制度执行力建设研究述评》，载《宁夏师范学院学报》2021 年第 3 期。

《党内法规学》(高等教育出版社 2020 年版)等著作中也都有对作为党内制度的党内法规执行力问题的分析,甚至有多篇博士、硕士学位论文选择以党内法规制度执行力为题展开研究,如宋家本的《党内法规执行过程问题研究》(中共中央党校,2019)、任鹏的《十八大以来党内法规执行创新研究》(兰州大学,2021)、武丽娜的《内蒙古提升党内法规制度执行力研究》(内蒙古大学,2020)等。总体来看,学界有关党内法规执行力或党内法规制度执行力的研究已经比较丰富,形成了一大批有价值、可参考的研究成果。

目前,国内学术界有关党内法规制度执行力的研究成果已经相对较为丰富,研究的视角也不乏新意,这对我们进一步深化和细化党内法规制度执行力研究,乃至深入推进党内法规执行,使党内法规真正发挥作用,无疑具有重要的参考意义。然而,在党内法规制度执行力内涵上,理论界还存在不小的分歧。如何消弭这些分歧,尽可能统一人们对党内法规制度执行力的理解,无论对学术研究的继续推进还是对党内法规制度执行力建设的强化,显然都意义重大。在中国共产党历经百年探索已经形成了比较完善的党内法规体系的情况下,如何强化党内法规制度执行力建设、确保党内法规贯彻实施,无疑将成为学界乃至实务界共同关注的话题。而这客观上势必会推动学界有关党内法规制度执行力研究更加深入。

2. 党内法规制度执行力的概念

在党的文件中,首次明确提出制度执行力的概念是在 2009 年 9 月召开的党的十七届四中全会,全会通过的《中共中央关于加强和改进新形势下党的建设若干重大问题的决定》正式提出要“提高制度执行力,维护制度权威性”。之后,制度执行力便开始进入党的制度建设的研究视野。不过,由于《中共中央关于加强和改进新形势下党的建设若干重大问题的决定》并没有明确界定和阐明何为制度执行力,所以导致该概念在学界引发了较大分歧。具体到党内法规制度执行力研究方面,学界主要形成了三种学说:一是效用说,认为党内法规制度执行力是“运用法规制度管人、权和管事的力度,实现法规制度的创制目的,发挥法规制度应有的效用”〔1〕;二是能力说,即认为党内法规制度执行力就是“将思想转化为行动、把计划变 成现实、把制度变为成果的能力”〔2〕;三是合力说,认为党内法规制度执行力蕴含“强制力”、“意志力”、“能力”、“力量”以及“效力”等丰富内容,是“党内法规制度执行组织和个人为使党内法规制度达到预期效果,在准确理解党内法规制度精神和精心设计执行方案的基础上,灵活运用各种执行手段,合理配置各种执行资源包括人、财、物、信息等,将党内法规制度内容施于党内法规制度执行客体的强制力、能力、力量及效力等构成的合力系统”〔3〕。

我们认为,党内法规执行是党的各级组织与部门以及党员领导干部依规履行职责,推动党内法规贯彻落实的活动,是实现党内法规制度内容的重要环节。而党内法规制度执行力则应当是指党内法

〔1〕 胡明生、徐小辉:《对提升反腐倡廉法规制度执行力的思考》,载《求实》2012年第S1期。

〔2〕 郭玮:《新形势下建立与完善党内法规制度体系的路径研究》,载《前沿》2016年第9期。

〔3〕 梁静:《全面从严治党视角下党内法规制度执行力研究》,载《人民法治》2017年第2期。

规及其制度执行的效果、影响和能力，亦即通过有关主体对党内法规及其制度的推进落实，在客观乃至主观方面产生的影响和能效。党内法规制度执行力可以从广义和狭义两个层面加以界定。在广义上，党内法规制度执行力包括党内法规制度执行的所有要素，这一层面的党内法规制度执行力不仅关注“已经生效的党内法规如何得到有效遵守和执行”，而且关注“已经生效的党内法规本身内容是否科学和完善及其对党内法规执行的影响因素”〔1〕。在狭义上，党内法规制度执行力仅指能够影响和制约已经生效的党内法规得到有效遵守和执行的各种因素，换言之，狭义上的党内法规制度执行力主要限于党内法规制度执行本身，而不包括党内法规自身的内容。而站在依规治党、全面从严治党的立场上并以系统论为视角，笔者认为，党内法规制度执行力不应当也不可能仅限于执行层面自身的影响因素，必然包含了制定层面的影响因素。基于此，本书中，我们将主要在广义的概念上讨论党内法规制度执行力的建设问题。

第二节　确保党内法规制度执行力的意义分析

从法理上来说，法的生命力在于实施，而法的权威也在于实施。这一点，无论是对于国家法，还是对于党内法规，都是如此。而执行则是法的实施中最为重要的组成部分。就此而言，党内法规制度执

〔1〕 张晓燕：《关于党内法规制度实施体系建设的思考和建议》，载《理论学刊》2017年第3期。

行是党内法规制度建设的重要环节，也是党内法规制度建设能够取得成效并发挥作用的关键所在。党内法规制度的生命力在于其能够在实践中得到全面有效的贯彻执行，能够为广大党员所遵守，能够发挥管党治党作用，否则，再好的党内法规也会成为一纸空文。而提高党内法规制度执行力，确保其能够被贯彻执行，则有利于充分体现党内法规的法律性，有利于体现“党要管党、全面从严治党”的决心，有利于推进党的执政能力建设，也有利于助推全面依法治国战略的深入实施以及国家治理体系和治理能力现代化建设。

一、有利于充分体现党内法规的法律性

党的十八届四中全会通过的《中共中央关于全面推进依法治国若干重大问题的决定》首次将党内法规明确纳入中国特色社会主义法治体系，使其成为中国之治的重要依据和保障。该决定指出，依法执政既要求党依据宪法法律治国理政，也要求党依据党内法规管党治党。而确保党内法规制度执行则是全面贯彻落实党内法规，推进依规治党的重要保障。“法立而不行，与无法等”[1]，党内法规的生命力生于制定，但贵在执行。没有得到有效执行的党内法规，是缺乏生命力的党内法规，失去了其存在的价值，其法律性就很难得到彰显，更毋宁说其权威会得到维护。只有正确地执行党内法规，才能发挥其应有效能，树立其应有权威。习近平同志多次强调党内法

〔1〕（清）沈家本：《历代刑法考》，中华书局 1985 年版，第 34 页。

规制度执行的重要性，如在十八届中央政治局第二十四次集体学习的讲话中就指出，“反腐倡廉法规制度一经建立，就要让铁规发力、让禁令生威，确保各项法规制度落地生根。好的法规制度如果不落实，只是写在纸上、贴在墙上、编在手册里，就会成为稻草人、纸老虎，不仅不能产生应有作用，反而会损害法规制度的公信力”[1]；而在听取兰考县委和河南省委党的群众路线教育实践活动情况汇报时则又指出，“有了好的制度如果不抓落实，只是写在纸上、贴在墙上、锁在抽屉里，制度就会成为稻草人、纸老虎”[2]。“身为党员，铁的纪律就必须执行。毛泽东同志说，路线是‘王道’，纪律是‘霸道’，这两者都不可少。如果党的政治纪律成了摆设，就会形成‘破窗效应’，使党的章程、原则、制度、部署丧失严肃性和权威性，党就会沦为各取所需、自行其是的‘私人俱乐部’。”[3]

党内法规制度执行力问题在党的十八大之后，尤其是《八项规定》颁布实施之后有了前所未有的根本性改变。在《八项规定》出台并实施以前，党内存在有规不依、执规不严以及违规不究等问题，造成了很多党内法规制度虚置，使党内法规很多时候成为一种摆设，而没有了法律的威严，没有体现出党内法规作为一种法所应当具有

---

〔1〕 中共中央纪律检查委员会、中共中央文献研究室编：《习近平关于严明党的纪律和规矩论述摘编》，中央文献出版社、中国方正出版社 2016 年版，第 89 页。

〔2〕 习近平：《做焦裕禄式的县委书记》，中央文献出版社 2015 年版，第 59 页。

〔3〕 中共中央纪律检查委员会、中共中央文献研究室编：《习近平关于严明党的纪律和规矩论述摘编》，中央文献出版社、中国方正出版社 2016 年版，第 4 页。

的法律性。[1]这会影响广大党员及人民群众对党内法规的好感及其法律性的认同，令其形同虚设，难以在党的建设方面发挥预期的作用。由此可见，党内法规制度执行力的强弱，会直接影响党内法规的威严以及人们对党内法规之法律性的认同。通过优化党内法规的执行机制，提高其执行力，充分发挥党内法规的作用，可以使党内法规在实践中得以充分贯彻落实，充分体现党内法规的法律性，体现党内法规作为法的威严，使党内法规与其法的地位更加契合。

二、有利于体现“党要管党、全面从严治党”的决心

法规能否得到严格贯彻执行与法规制定者和实施者有无决心真正推进这些法规直接相关。同时，法规的贯彻执行效果直接影响法规自身的信用与权威，影响人们对法规的评价，也影响人们对法规制定者真实目的的判断。一般来说，法规贯彻执行得好，则其获得人们认同与好评的可能性就会更大，而人们通常也就会相对更加能够理解并认同这些法规制定时的立法目的，认为法规有信用，从而有助于法规获得应有的权威，并有助于法治的实现。党内法规也遵循此律。

具体而言，如果党内法规制定出来且被贯彻执行得很好，则人们就会很容易地认同这些党内法规，认同这些党内法规旨在管党治党的目的，也就相应地会认同作为法规制定者的执政党的信用，认

[1] 有学者已经对党内法规虚置的问题进行了专门探究，具体参见廖怀高：《从潜规则视角看党内法规的虚置化及对策》，载《理论与改革》2016 年第 6 期。

为作为法规制定者的执政党讲诚信、守承诺、言出必行，从而真切体会到党管党治党的决心，感受到党作为一个具有先进性与纯洁性要求的政党不忘初心、勇担使命，并给予坚定的拥护和有力的支持。而广大党员也可以据此感受到党管党治党的魄力，从而心存对党规国法的敬畏，模范地遵守国法党规，成为法治中国建设的坚定推动者。反之，如果有党内法规但这些法规得不到有效贯彻执行，则对广大党员乃至人民群众来说，可能就意味着党尽管为其自身以及党员立了严厉的规矩，但并没有真正实施这些规矩的勇气和决心，这些规矩更多时候只是摆设，管党治党只是虚张声势、“耍花腔”或者“只闻雷声，不见雨点”，是假管假严。这无疑会使其对党管党治党的真实性产生怀疑，以致影响党自身的信用与权威，影响其对党全面从严治党的信心，甚至也会影响其对全面依法治国的信心。而提高党内法规制度执行力，确保其被贯彻执行，则意味着党在“党要管党、全面从严治党”方面并不是虚张声势、“耍花腔”，也不是“雷声大，雨点小”，而是动真格的，是真管严管，敢管敢严，长管长严，从而在彰显“党要管党、全面从严治党”决心的同时，增强广大党员以及人民群众对于党的信任以及党的领导的信心。就此而言，强化党内法规制度执行力建设，持续推进党内法规及其制度执行，有利于体现“党要管党、全面从严治党”的决心。

三、有利于推进党的执政能力建设

党内法规制度执行力建设也事关党的执政能力。党内法规的要求高于国家法律也严于国家法律。在法治的背景下，中国共产党完全可以运用要求相对较低的国家法律来管党治党，但她选择了用更高标准和更严要求管党治党，这表明了其勇于自律且能够自律的胸襟。中国共产党从历史基因上说，始终具有一种世界眼光、全球视野和开放胸怀。[1]通过党内法规向全党以及全国乃至全世界作出"党要管党、全面从严治党"的承诺，表明和宣示了党作为一个具有开阔胸襟的执政党的执政魄力与决心，但能否真正将这些法规落到实处，使其切实发挥管党治党的作用，不是仅凭承诺就可以做到的，还需要具备足够的能力。制定党内法规并保障这些法规能够最终落地，本身就是党执政能力的体现。一个政党如果连自己制定的法规都无法贯彻执行下去，连自己的党员都管不好，则其自然难以管理整个国家，难以实现社会的良好治理。党只有使自己制定的法规具有执行力，能够得到切实贯彻执行，才能够彰显其管党治党的能力，并以此体现其治国理政的能力。

不仅如此，确保党内法规贯彻执行更有助于推进党的执政能力建设。制度作为理性的产物，其实施能够保障治理的权威性与成效。党内法规作为管党治党的制度，其实施显然也能够发挥这样的作用。通过严格贯彻执行党内法规制度，可以保证党的主张和意志能够得到落实，可以使广大党员真切地感受到党内法规的严肃性以及党全面管党与从严治党的决心，从而自觉加强对自己的要求，与党中央

---

〔1〕 参见黄相怀等:《不忘初心：中国共产党为什么能永葆朝气》，中国人民大学出版社2016年版，第8页。

保持高度一致，维护党中央的权威，认真且无折扣地执行党的决议。

在此意义上，提高党内法规制度执行力，确保其贯彻执行，有利于提升党通过党内法规管党治党的效率与权威，并以此带动和提升党依法执政的能力，推进党的执政能力建设，强化党的领导，维护和强化党作为中国特色社会主义建设事业坚强领导核心的地位。也正因如此，习近平总书记明确指出，“以改革创新精神加快补齐党建方面的法规制度短板……为提高党的执政能力和领导水平、推进国家治理体系和治理能力现代化、实现中华民族伟大复兴的中国梦提供有力的制度保障”〔1〕，而党的十九大报告明确提出，“增强依法执政本领，加快形成覆盖党的领导和党的建设各方面的党内法规制度体系，加强和改善对国家政权机关的领导”〔2〕。

四、有利于助推全面依法治国战略的深入实施

法治是当代社会的主旋律，也是人类社会发展的必然选择和最终归向。“人类社会发展的事实证明，依法治理是最可靠、最稳定的治理。”〔3〕正因为如此，党中央高瞻远瞩，确立了全面依法治国战略。全面依法治国战略作为“四个全面”战略的重要组成部分，既是新形势下发展人民民主的根本保障，也是实现国家治理现代化的重要内

〔1〕 习近平：《论坚持全面依法治国》，中央文献出版社2020年版，第169页。

〔2〕 习近平：《决胜全面建成小康社会　夺取新时代中国特色社会主义伟大胜利》，载中共中央党史文献研究院编：《十九大以来重要文献选编》（上），中央文献出版社2019年版，第48页。

〔3〕 习近平：《论坚持全面依法治国》，中央文献出版社2020年版，第120–121页。

容和主要途径，更是深化市场经济体制改革的内在需要。而依法治国离不开党的领导。坚持党的领导，是社会主义法治的根本要求，是党和国家的根本所在、命脉所在，是全国各族人民的利益所系、幸福所系，是全面推进依法治国的题中应有之义，换言之，党的领导是全面实施依法治国战略的关键所在。而党内法规则是实现“党要管党、全面从严治党”的基本保障，是维护和完善党的领导、提高党的执政能力的保障。

历史经验告诉我们，如果党内法规贯彻执行得好，法律法规能得到较好遵守，法治建设就能顺利推进；如果党内法规执行得不好，法律法规的权威也就树立不起来，依法治国也就无法实现。〔1〕正因如此，党的十八届四中全会通过的《中共中央关于全面推进依法治国若干重大问题的决定》将党内法规体系纳入我国社会主义法治体系，使其成为我国社会主义法治体系不可或缺的组成部分。但很显然，党内法规发挥管党治党作用以维护和改善党的领导的关键是其制度能够得到严格的贯彻执行，能够由纸面上的规则变成现实中活的规范，否则，它就只能是僵死的规则，是内容尽管很好却发挥不了实际效能而只能够起到制度装饰作用的具文。就此而言，确保党内法规贯彻执行无疑可以推进党内法规管党治党的效果，从而改善党的领导，为全面依法治国提供更为坚实的保障。此外，依规治党在国家治理中具有引领和示范意义，能够为国家治理提供经验参考。

〔1〕 参见许耀桐：《党内法规在法治中的重要作用》，载《北京日报》2016 年 12 月 5 日，第 17 版。

在此意义上，党内法规制度贯彻执行的过程中所积累起来的经验与教训还可以为解决国家法实施过程中所遇到的执法难题提供很好的参考，从而有助于国家法的实施。

五、有助于推进国家治理体系和治理能力现代化

提高党内法规制度执行力，是推进全面深化改革和全面依法治国，促进国家治理体系和治理能力现代化的重要举措。[1]党的十八届三中全会对全面深化改革作出了宏观部署，全会通过的《中共中央关于全面深化改革若干重大问题的决定》指出，全面深化改革的总目标是完善和发展中国特色社会主义制度，推进国家治理体系和治理能力现代化。在此基础之上，党的十八届四中全会通过的《中共中央关于全面推进依法治国若干重大问题的决定》指出，“依法治国，是坚持和发展中国特色社会主义的本质要求和重要保障，是实现国家治理体系和治理能力现代化的必然要求，事关我们党执政兴国，事关人民幸福安康，事关党和国家长治久安”。而“形成完善的党内法规体系”则是全面推进依法治国总目标的基本内容，甚至也是全面依法治国战略得以实现的关键保证。只有形成完善的党内法规体系，通过要求更高且规定更严的党内法规来管党治党，提高对党的要求，并将管党治党纳入法治的轨道，才能使党始终保持先进

〔1〕 中组部研究室部刊处:《制度的生命力在于执行——提高党内法规制度执行力课题研究报告(摘登)》，载《党建文汇》2016年第1期(上)。

性与纯洁性，始终成为中国特色社会主义事业领导核心，正因如此，习近平总书记指出，“加强党内法规制度建设是全面从严治党的长远之策、根本之策”。[1]

从逻辑上来说，法规制度的制定甚为重要，甚至是基础，但法规制度能否真正发挥作用，最关键的还在于其制度执行。正因如此，党的十八届四中全会所作的决定明确指出“提高党内法规执行力”。党内法规制度执行力关涉党内法规制度效用的充分发挥，关涉管党治党能否真正取得实效，关涉全面从严治党乃至全面依法治国战略能否最终得以实现，也关涉党自身的执政能力与治理水平。而中国共产党作为中国特色社会主义事业领导核心以及执政党，其执政能力与治理水平必然直接决定国家的治理能力。就此而言，党内法规制度执行力问题直接关涉国家治理体系和治理能力现代化。党的十九届四中全会通过的《中共中央关于坚持和完善中国特色社会主义制度　推进国家治理体系和治理能力现代化若干重大问题的决定》指出，“我国国家治理体系和治理能力是中国特色社会主义制度及其执行能力的集中体现”，其中显然也包含了对党内法规制度及其执行能力建设的要求。以此为基点，强化党内法规制度执行力建设以提升党内法规制度执行力也是推进国家治理体系和治理能力现代化的客观需要。

---

〔1〕 习近平:《论坚持全面依法治国》，中央文献出版社 2020 年版，第 169 页。

第二章　建党百年党内法规制度执行力建设

“历史、现实、未来是相通的”[1]，就现实的改善与未来的发展而言，历史往往是最好的教科书，也是最好的清醒剂与营养剂。为此，习近平总书记指出，历史是最好的教科书。学习党史、国史，是坚持和发展中国特色社会主义、把党和国家各项事业继续推向前进的必修课。这门功课不仅必修，而且必须修好。要继续加强对党史、国史的学习，在对历史的深入思考中做好现实工作、更好走向未来。[2]“四史”学习教育离不开作为党史乃至国史与中国特色社会主义史重要组成部分的中国共产党党内法规制度建设史的学习教育，其中自然也包括作为党内法规制度史中不可或缺的党内法规制度执行史的学习教育。这是因为，中国共产党建党百年的历史不仅是其团结和带领中国人民砥砺前行、艰苦奋斗，取得一个又一个成就乃至奇迹的历史，更是一部党内法规制度建设的历史。一定程度上，党的一系列成就的取得是以党内法规制度建设来加以保障的，没有党内

---

〔1〕 新华社:《以更大的政治勇气和智慧深化改革朝着十八大指引的改革开放方向前进》，载《人民日报》2013 年 1 月 2 日，第 1 版。

〔2〕 参见习近平《论中国共产党历史》，中央文献出版社 2021 年版，第 16–17 页。

法规制度建设，就没有党如今的伟大成就。而从逻辑上来说，“党内法规要想发挥作用必须重在执行”[1]。党内法规执行是加强党内法规制度建设的必然要求，也是党内法规制度建设的内含之意，是深入推进依规治党，贯彻落实全面从严治党与全面依法治国战略的必然选择。“贯彻执行法规制度关键在真抓，靠的是严管。加强党内法规制度建设，必须一手抓制定完善，一手抓贯彻执行，制度执行到人到事，坚决纠正随意变通、恶意规避、无视制度等现象。”[2]

学界对党内法规制度建设史的研究尽管已经逐步展开，但对党内法规制度建设史不可或缺之重要组成部分的党内法规制度执行史的研究还极为少见。目前，学界对党内法规制度执行问题的关注基本都放在党内法规制度的执行力及其成因以及对策方面的研究上，还较为缺乏对党内法规制度执行史的关注。而强化该方面研究不仅有助于我们在党内法规制度建设过程中借鉴和总结党史中党内法规制度执行力建设方面的经验教训，提升党内法规制度建设的效果，使今后党内法规制度建设少走弯路；也有助于进一步细化乃至强化党内法规史乃至党史的研究，为当前正在推进且今后仍需继续开展的“四史”学习教育提供一个具有创新意义的视角。不仅如此，强化该方面研究也是我们在建成比较完善的党内法规体系后提升党内法规制度建设实效的必然选择。

---

〔1〕 陈莹莹:《党内法规执行机制研究》，载《法学评论》2020 年第 3 期。

〔2〕 中共中央宣传部:《习近平新时代中国特色社会主义思想三十讲》，学习出版社 2018 年版，第 323 页。

第一节 建党百年党内法规制度执行力建设的历史

作为中国特色社会主义事业领导核心，中国共产党诞生于20世纪20年代。1921年7月中国共产党第一次全国代表大会在上海召开，会议宣告了中国共产党的成立，成为中国历史上开天辟地的大事。从此，中国革命和社会主义事业有了“主心骨”和“引路人”。在自身发展的百年历史中，中国共产党为了实现自身初心和使命之需要，为了确保领导中国革命和社会主义建设走向成功，不断推进并强化党内法规制度建设，通过党内法规制度建设管党治党，始终保持党自身的先进性与纯洁性，成为赢得人民的信任、支持与拥护的关键所在。从历史发展来看，党内法规制度建设围绕党在不同时期的历史任务，主要经历了革命战争时期、中华人民共和国成立到改革开放前、改革开放后到党的十八大之前以及党的十八大之后四个大的发展阶段。在这四个阶段，不仅党内法规制度建设受到了不同程度的关注，而且党内法规制度执行力问题也受到了相应重视。

一、革命战争时期

为了确保党的决议及法规之贯彻执行，早在党成立之初就专设了中央执行委员会，并在二大党章中明确规定“全国大会及中央执行委员会之决议，本党党员皆须绝对服从之”，“下级机关须完全执行上级机关之命令；不执行时，上级机关得取消或改组之”。中共三大则通过了《中国共产党中央执行委员会组织法》，成为党史上第一个规定中共中央组织机构、职权分工等的法规性文件。中共五大党章中则规定，“严格党的纪律是全体党员及全体党部最初的最重要的义务，党部机关之决议，应当敏捷的与正确的执行之”，并专设了监察委员会。1931 年 5 月，中央颁布了《中央巡视条例》，而巡视员的主要任务就包括传达党的决议案和检查各级党组织对决议的执行情况。这些都表明了党对包括党纪党规以及党的决议等在内的党的制度执行问题的高度重视。1938 年 9 月至 11 月召开中共扩大的六届六中全会上，毛泽东在报告中指出了党规党纪及其执行的重要性，他认为，“党的纪律是带着强制性的；但同时，它又必须是建立在党员与干部的自觉性上面，决不是片面的命令主义。为此原故，从中央以至地方的领导机关，应制定一种党规，把它当作党的法纪之一部分。一经制定之后，就应不折不扣地实行起来，以统一各级领导机关的行动，并使之成为全党的模范”[1]。此次全会上，刘少奇代表中央作了《党规党法的报告》，强调了党规党纪的重要性。在此基础上，全会通过的《关于各级党部工作规则与纪律的决定》明确提出，“个人服从组织，少数服从

---

〔1〕 中共中央党史研究室第一研究部编：《共产国际、联共（布）与中国革命文献资料选辑（1938—1943）》，中共党史出版社 2012 年版，第 633 页。

多数，下级服从上级，全党服从中央，党的一切工作由中央集中领导，是党在组织上民主集中制的基本原则，各级党的委员会的委员必须无条件的执行，成为一切党员与干部的模范”。而在此之前，鉴于张国焘所犯的严重错误及其叛党的行为，中央在不到三年时间里先后印发了包括《中央关于张国焘同志的错误的决定》《中央关于开除张国焘党籍的党内报告大纲》等在内的五个文件，对张国焘的违规违纪行为进行了清算。作为处分党内高级别干部的行为，这充分体现了党对违纪违规党员一视同仁，从严执行党规党纪的决心和态度，从侧面体现了党中央对党内法规执行问题的高度重视。

1945 年 6 月通过的七大党章确立了毛泽东思想在党内指导思想的地位，也对党内法规执行问题给予了高度重视，依据该党章规定，“党的政策及各种问题，在未经决定以前，每个党员在党的组织内及党的会议上，均可自由地切实地进行讨论，发表自己的意见。但一经决议以后，即须服从，并须无条件地执行”[1]，“凡不执行中央和上级组织的决议，及违犯党章、党纪者，各级党的组织，按照具体情况，得以下列方法给予处分：(一)对于整个组织的处分是：指责；部分改组其领导机关；撤消其领导机关并指定其临时的领导机关；解散整个组织，并进行党员的重新登记。(二)对于党员个人的处分是：当面的劝告或警告；当众的劝告或警告上撤消工作；留党察

〔1〕 七大党章第 21 条。

看；开除党籍”〔1〕。此外，该党章规定，党的中央委员会认为有必要时成立党的中央监察委员会及各地方党的监察委员会，其任务与职权“是决定或取消对党员的处分，受理党员的控诉”〔2〕，以确保法规制度的正确执行。党的七大之后，党内开展了以“打通思想、整顿组织，纪律制裁”为核心，以“三查”“三整”为要求的整党工作。〔3〕这为党内法规制度的执行提供了重要思想保障。而1949年召开的党的七届二中全会则基于党内因为胜利可能生长的骄傲情绪、以功臣自居的情绪、停顿起来不求进步的情绪以及贪图享乐不愿再过艰苦生活的情绪，明确提出了“两个务必”“六条规定”，强调要不断增强政策法规制度的贯彻执行力，为新中国成立后党应对新问题、新挑战做了充分准备，对强化全党重视党规党纪以提高党内法规制度执行力起到了极为重要的作用。

二、中华人民共和国成立后到改革开放前

中华人民共和国成立之后，党面临由革命党向执政党转型的艰巨使命，需要直面国内、国外极其复杂的形势及斗争，确保党规党纪得到严格执行以保证党“打铁必须自身硬”，这在当时成为党面临的重要任务。为此，新中国成立后不久即1949年11月，中

〔1〕 七大党章第64条。

〔2〕 七大党章第58条。

〔3〕 参见程维荣主编：《新民主主义革命时期中国共产党党内法规》，上海三联书店2018年版，第435页。

共中央便作出《关于成立中央及各级党的纪律检查委员会的决定》，成立了以朱德同志为第一任中央纪委书记的中央纪律检查委员会，其主要任务就是检查和审理中央直属各部门及各级党的组织、党的干部及党员违犯党纪的行为，确保党规党纪的贯彻执行。这在保障层面上彰显了党对党内法规制度执行力问题的重视。在“党内高层首次出现的一场分裂与反分裂的严重斗争”〔1〕的“高饶事件”之后，党中央重新认识到了党内纪检机构在执行党内法规方面存在的问题，开始深入强化党内纪检监察机构建设，以此进一步加强党内法规制度执行力，确保党内法规在管党治党方面真正发挥作用。为此，1955 年 3 月 31 日，中国共产党全国代表会议通过了《关于成立党的中央和地方监察委员会的决议》，决定党的中央和地方各级组织成立监察委员会，代替党的纪律检查委员会，以便更有力地对党员违反党章党纪和国家法律法令的行为作经常的坚决的斗争。〔2〕这充分显示了党中央对政治执行力问题尤其是党内法规制度执行力问题的高度重视。此后到 1966 年之前，党内法规制度建设都受到了党内的高度重视，而制度执行力问题也一直备受关注。但之后开始的“文化大革命”，则打乱了包括党内法规制度建设在内的党和国家各项建设正常进程，法治的思维、理念和实践无论在国家法层面还是在党内法规层面都没有很好地被贯彻，使党内正常的秩序乃至整个社会秩序都受到了冲

〔1〕 杨尚昆：《党中央处理高饶事件的回忆》，载《四川党史》2001 年第 5 期。

〔2〕 参见刘长秋、史聪：《新中国成立 70 年来我国纪检监察机关构建的经验与启示》，载《理论与改革》2019 年第 6 期。

击，这成为党内法规制度建设乃至我国整个法治建设史上的一个遗憾。

梳理和总结改革开放前三十年党内法规制度建设的经验与教训，我们不难发现，在1966年之前，党内法规制度建设取得了显著成就。由于比较关注和重视执行力建设，党内法规在管党治党方面发挥了应有作用，对于确保党强化自身建设、领导全国人民取得社会主义革命胜利以及社会主义初期建设的成功功不可没。然而，后期由于错误思想的指导，加之执行过程中的失误，使很多好的党内法规制度被搁置一旁、形同虚设，甚至作为党规党纪主要执行部门的党内纪检监察机关也被取消，导致党领导的社会主义建设逐渐偏离了正确的轨道。

三、改革开放以来到党的十八大之前

党的十一届三中全会将党的事业重新带回了正轨，党内法规制度建设再次受到高度重视和强调。邓小平同志在其著名的《解放思想，实事求是，团结一致向前看》一文中明确指出，“国要有国法，党要有党规党法……没有党规党法，国法就很难保障。各级纪律检查委员会和组织部门的任务不只是处理案件，更重要的是维护党规党法，切实把我们的党风搞好”[1]。在党的十一届三中全会的指导下，1980年2月29日中国共产党十一届五中全会通过了《关于党内政

〔1〕《邓小平文选》(第2卷)，人民出版社1994年版，第147页。

治生活的若干准则》(以下简称《若干准则》)。《若干准则》严厉指出,"任何部门、任何下级组织和党员,对党的决定采取各行其是、各自为政的态度,合意的就执行,不合意的就不执行,公开地或者变相地进行抵制,以至擅自推翻,都是严重违反党纪的行为"〔1〕;并明确指出,"《关于党内政治生活的若干准则》是党的重要法规……党的各级领导机关和领导干部要带头执行"〔2〕,"各级党委和党的纪律检查委员会要定期检查本准则的执行情况,由纪律检查委员会向党的代表大会或党的委员会提出报告"〔3〕。而为了更好地贯彻执行《若干准则》,中央纪委从1980年4月到11月的半年时间里,先后三次召开座谈会,对全党贯彻落实《若干准则》起到了很大的促进作用,也拉开了党内法规制度及其执行力建设的序幕。此后一直到党的十八大前后,党内制定了大量党内法规和规范性文件,在从严管党治党以加强党的建设和维护党的先进性与纯洁性方面发挥了重要作用。实践中,为了提升党内法规制度的执行力,确保党内法规制度良好实施,党的纪律检查机关开始逐步恢复。党的十一届三中全会上重新选举产生了中央纪律检查委员会,1979年1月颁布的《中共中央

---

〔1〕《关于党内政治生活的若干准则》,载中共中央办公厅法规室、中共中央纪委法规室、中共中央组织部办公厅编:《中国共产党党内法规选编(1978—1996)》,法律出版社2009年版,第33页。

〔2〕《关于党内政治生活的若干准则》,载中共中央办公厅法规室、中共中央纪委法规室、中共中央组织部办公厅编:《中国共产党党内法规选编(1978—1996)》,法律出版社2009年版,第41页。

〔3〕《关于党内政治生活的若干准则》,载中共中央办公厅法规室、中共中央纪委法规室、中共中央组织部办公厅编:《中国共产党党内法规选编(1978—1996)》,法律出版社2009年版,第41页。

纪律检查委员会通告》中明确提出，纪委的根本任务是维护党规党法、肃正党风党纪、保护党员权利。纪律检查委员会的恢复及其执纪对确保党内法规的贯彻执行起到了重要保障作用。而在贯彻执行这些法规与文件过程中，不仅党中央以及党的领导人反复强调制度执行力问题，而且党内先后开展了学习《邓小平文选》《江泽民文选》"三讲教育""先进性教育"等众多党内学习教育实践活动，凝聚了广大党员的共识，为相关法规与文件的贯彻执行做了思想上的重要动员。

党的十八大之前，大量党内法规的颁布及其在党内的实施，极大地推进了党的建设，在确保党领导全国人民深入推进改革开放过程中发挥重要作用。然而，后期党内法规制度建设在深入推进过程中显现了忽视党内法规执行力建设的倾向，"重制定，轻执行"成为困扰党内法规制度建设的突出问题。在党内法规制度建设过程中，党内法规执行力问题没有被放在应当被摆放的位置，导致一些法规尽管有较好的内容，但没有被严格贯彻执行下去，基本上形同虚设，不但没有在从严治党方面发挥预期作用，反而因个别党内法规的空设与虚置而对整个国家法治建设产生了不良示范效应。〔1〕这使党的十八大之前的一段时间，不但严重制约党的发展的党内腐败问题没有得到有效遏制，而且各种山头主义、宗派主义开始在党内出现，各种有规不行的现象经常出现，做选择、搞变通、打折扣的现象时有发生。不少党内法规沦为"稻草人"、"纸老虎"和"装饰品"，极大地

〔1〕参见刘长秋：《建党百年中国共产党党内法规制度建设》，载《探索》2020年第5期。

制约了党内法规制度建设的效果，降低了“党要管党、全面从严治党”的实效。正因如此，习近平总书记一针见血地指出，制度执行力、治理能力已经成为影响我国社会主义制度优势充分发挥、党和国家事业顺利发展的重要因素。[1]重新审视党内法规制度建设，提升党内法规制度执行力，成为党必须直面的重大现实问题。

四、党的十八大之后

党的十八大将中国推入了一个新时代。党的十八大不仅深刻总结了以往党的事业的经验与教训，为党和国家的未来规划了良好愿景，更成为党内法规制度建设的新起点。而这一新起点正是从强化党内法规制度执行力开始的。党的十八大之后，《八项规定》印发，一改之前不少党内法规和规范性文件执行偏软的弊病，以前所未有的雷厉风行之态势狠抓执行，极大地扭转了党内不守法规、不尊党纪的歪风邪气，拉开了狠抓党内法规制度执行的序幕。为了贯彻落实《八项规定》，中共中央政治局还专门通过了《中共中央政治局贯彻落实中央八项规定的实施细则》。在该细则的带动和影响下，党内法规受到了前所未有的高度重视，党内法规制度执行力问题被摆在了一个备受关注的重要位置，并被重点突出和反复强调。

《中央党内法规制定工作五年规划纲要（2013—2017年）》明确

---

〔1〕 参见中共中央文献研究室编：《习近平关于全面深化改革论述摘编》，中央文献出版社2014年版，第29页。

要求“提高党内法规制定质量和执行力”，“健全党内法规执行机制。坚持有规必依、执规必严、违规必究，加大党内法规执行力度，使刚性约束得到严格遵循，切实做到法规制度面前人人平等、遵守法规制度没有特权、执行法规制度没有例外，坚决防止出现‘破窗效应’，切实增强法规制度的严肃性和权威性”，并要求“健全监督检查机制，明确监督执行的责任部门，完善监督检查方式，加大监督检查力度。完善惩处追责机制，明确保障党内法规执行的惩戒性规定，定期通报党内法规执行情况和对违规行为的查处情况”。

2016 年 12 月制定的《中共中央关于加强党内法规制度建设的意见》明确要求，提高党内法规制度执行力，要坚持以上率下，从各级领导机关和党员领导干部做起，以身作则、严格要求，带头尊规学规守规用规。加强学习教育，加大党内法规宣讲解读力度，将党内法规制度作为各级党委（党组）中心组学习重要内容，纳入党校、行政学院、干部学院必修课程。强化监督检查，将党内法规制度实施情况作为各级党委督促检查、巡视巡察的重要内容，对重要党内法规制度实施情况开展定期督查、专项督查。加大责任追究和惩处力度，严肃查处违反和破坏党内法规制度的行为。

《中央党内法规制定工作第二个五年规划（2018—2022 年）》不仅将“党内法规制度质量明显提高，执行力明显提升，系统性、整体性、协同性明显增强”作为党内法规制度建设的目标，而且要求“各级各类党组织要切实把执规责任扛起来，加大宣传教育、监督检查、问责追责力度，以钉钉子精神抓好党内法规贯彻落实”。《中共中央关于加强党内法规制度建设的意见》则更是要求，“提高党内法规制度执行力，要坚持以上率下，从各级领导机关和党员领导干部做起，以身作则、严格要求，带头尊规学规守规用规”。此外，2019年修订的《中国共产党党内法规制定条例》也规定，“坚持制定和实施一体推进，健全党内法规执行责任制，加大党内法规宣传、教育、培训力度，对党内法规执行情况、实施效果开展评估，加强监督执纪问责，确保党内法规得到有效实施”[1]。

不仅如此，2019年8月30日，经中共中央政治局会议审议批准，中共中央还专门于2019年9月3日发布《中国共产党党内法规执行责任制规定（试行）》，将党内法规制度执行问题纳入法规制度保障的层面，体现了对党内法规制度执行力建设问题前所未有的高度重视。而党的十九届四中全会通过的《中共中央关于坚持和完善中国特色社会主义制度　推进国家治理体系和治理能力现代化若干重大问题的决定》更是指出，“制度的生命力在于执行”，要求“各级党委和政府以及各级领导干部要切实强化制度意识，带头维护制度权威，做制度执行的表率，带动全党全社会自觉尊崇制度、严格执行制度、坚决维护制度”。

《法治中国建设规划（2020—2025年）》也指出，“抓好党内法规实施。把提高党内法规执行力摆在更加突出位置，把抓‘关键少数’和管‘绝大多数’统一起来，以各级领导机关和党员领导干部带头尊规学规守规用规，带动全党遵规守纪。加强学习教育，把重要党内法规列为党委（党组）理论学习中心组学习的重要内容，列为党校

[1] 《中国共产党党内法规制定条例》第36条。

（行政学院）、干部学院重要教学内容，列入法治宣传教育规划重要任务。加大党内法规公开力度，提高党内法规的普及度和知晓率。落实党内法规执行责任制，做到有规必执、执规必严。开展党内法规实施评估工作，推动党内法规实施。强化监督检查和追责问责，将党内法规执行情况作为各级党委督促检查、巡视巡察重要内容，严肃查处违反党内法规的各种行为”。

在制度层面高度重视党内法规执行力问题的同时，党内也极为关注和重视制度执行的政治思想保障与体制机制保障，不仅先后开展了包括“群众路线学习教育实践活动”“三严三实”“两学一做”“不忘初心、牢记使命”“‘四史’学习教育”“党史学习教育”等在内的党内主题学习教育活动，极大地增强了广大党员的思想政治意识与法纪观念，强化了党内法规制度贯彻执行的思想基础，而且加快推进纪检监察体制改革、强化巡视巡察、加强党内监督、严格党内执纪问责，使党规乃至国法的实施得到体制机制方面的重要保障。这些都成为党的十八大之后党内法规在党内获得前所未有执行力的重要支撑因素。

第二节　建党百年党内法规制度执行力建设的规律

习近平总书记指出，“历史是最好的老师”[1]，历史是最好的教

〔1〕 习近平：《论中国共产党历史》，中央文献出版社 2021 年版，第 11 页。

科书，也是最好的清醒剂和营养剂。[1]“要加强党史学习和教育，努力从党走过的风云激荡的历史中、从党开创和不断推进的伟大事业中、从党全心全意为人民服务的根本宗旨和长期实践中，深化对党的信赖，坚定对党的领导的信念。”[2]中国共产党成立的近百年间，“党内法规制度从无到有、从单一到多元、从侧重某些方面到覆盖各方面、从曲折前进到不断完善，见证了中国共产党波澜壮阔的发展历程”[3]。“制度是关系党和国家事业发展的根本性、全局性、稳定性、长期性问题。”[4]党内法规制度则直接关涉党的事业的根本性、全局性、稳定性、长期性。但很显然，任何制度只有被切实执行才能真正落地，真正发挥作用，否则就只能沦为摆设和“稻草人”。就此而言，党内法规执行是确保党内法规制度得以落地并且真正发挥作用的关键，直接影响党的事业的根本性、全局性、稳定性与长期性。而从历史上来看，中国共产党历来高度重视党内法规制度建设，始终强调提升党内法规制度执行力。[5]这无疑为当下越来越被重视和强化的党内法规制度建设积累了可资参考和借鉴的宝贵经验，并成为今后党内法规制度执行力建设的清醒剂和营养剂。

---

〔1〕 参见杨占文：《教科书·清醒剂·营养剂》，载《红旗文稿》2014年第23期。

〔2〕 习近平：《论中国共产党历史》，中央文献出版社2021年版，第7页。

〔3〕 王伟国：《国家治理体系视角下党内法规研究的基础概念辨析》，载《中国法学》2018年第2期。

〔4〕 习近平：《在庆祝改革开放40周年大会上的讲话》，人民出版社2018年版，第28-29页。

〔5〕 参见张亚勇：《新时代强化党内法规制度执行力的逻辑考量与实践路径》，载《中共天津市委党校学报》2020年第5期。

一、党内法规制度执行力建设必须要受到高度重视和强调

党内法规制度执行力不仅事关党内法规制度能否真正落地生根，更关涉党的政治决策能否真正推进，是党的政治生命力的重要保障。正因如此，党内法规制度执行力建设一直都备受党内重视。从党的自身建设的历史来看，中国共产党党内法规作为旨在实现管党治党之目的的规范，其制度建设伴随中国共产党自身建设和发展的始终。在党内法规自身发展的历史进程中，其制度建设的成败很大程度上取决于这些制度执行的效果。建党百年的历史表明，党内法规对于实现管党治党，保持党的先进性与纯洁性，确保党内团结统一，并形成一个坚强的战斗堡垒，乃至对提高党的领导能力与执政能力都不可或缺甚至至为重要。

为此，必须高度重视并强化党内法规制度建设，切实发挥其在管党治党方面的作用。而强化党内法规制度执行力建设，使这些制度由纸面上的规则变成现实中活的“法”，则是党内法规制度建设过程中最为关键的要求和保障。党的事业之兴衰成败与党内法规制度及其执行力息息相关。党内法规制度执行得好的时候基本上都是党内团结有序，党内民主保障得力，能够尊重党内正确意见，发挥全党智慧，集中力量干大事的时候，是党的先进性与纯洁性得到最为集中和鲜明体现的时候，也是党的事业和国家治理最有生机和活力的时候；反之，则往往是党内治理混乱，正确意见得不到尊重和采纳，难以形成党内合力的时候，是党的先进性、纯洁性乃至自身的制度优势无法体现和发挥的时候，甚至是党的事业乃至国家治理遇到挫

折甚至是退步的时候。基于此，党内法规制度建设过程中不仅关注和强调制度的有无及其完善与否，而且必须更要高度重视和强调制度执行力建设。这是建党百年党内法规制度执行力建设的基本规律。

二、党内法规制度执行力建设必须要一以贯之

从党史上来看，作为管党治党的重要保障，党内法规制度建设自建党以来一直伴随党自身建设和发展的始终，而党内法规制度执行问题作为影响乃至决定党内法规制度发挥作用的关键，也长期受到关注。在党内法规制度建设的不同时期，党内都有一些强化党内法规执行力的对策和举措，对推动党内法规制度切实落地起到了重要作用。这成为党领导全国人民不断取得新民主主义革命、社会主义革命和社会主义建设胜利之最不能抹杀的因素。

然而，一个不容忽视和否认的事实是，在党内法规制度建设的历史上，党内法规制度执行力建设并没有被一以贯之地持续推进，而是时不时会出现一些弱化或被轻视的情况。例如，在建党早期，中国共产党比较关注和重视党内法规制度建设，也比较注意强化党内法规制度执行问题，并对执行机制的构建和完善给予了重视。但随着革命形势的不断向好，党内法规制度建设在党内的受重视程度有所下降，加之执行方面存在一些问题，一些好的制度没有被严格贯彻执行，导致出现第五次反“围剿”失败乃至长征途中张国焘意图分裂中央甚至最后叛党以及王明对抗中央等严重问题。这成为中共扩大的六届六中全会上专门强调党规党法的重要原因。中华人民

共和国成立后，党高度重视党内法规制度执行问题，专门成立了中央纪律检查委员会，强化了党内监督，确保将党内法规管党治党的制度推进到实处，之后甚至成立了监察委员会来取代纪律检查委员会，以更好地推进党内执法监督。然而，随着社会主义革命取得最终胜利，加之党对形势判断的失误，很多党内法规制度的执行逐渐遭到了忽视和弱化，导致党和国家的事业遭遇挫折。改革开放之初，党对党内法规制度建设极为重视，也高度强调其执行力问题，确保了好的党内法规制度的贯彻实施，使改革开放不断被推向前进，国家的发展蒸蒸日上。然而，随着改革开放的逐步推进以及党和国家事业越来越好，虽然党内法规制度依然受到重视，但其制度执行力建设有所弱化，很多管党治党的法规尽管被制定出来，却没有被很好地实施，导致党内腐败现象滋生，党的威信受到极大挑战。而这显然成为党的十八大之后党中央以前所未有的态度高度重视和强化党内法规制度建设，并以前所未有的党规执行力度高调反腐的重要原因。

由此可见，党内法规制度建设尽管在党的各个历史时期都受到关注和重视，但其制度执行力建设并没有持之以恒而被一以贯之，这成为党和国家事业不时遭遇挫折的重要原因，也成为党内法规制度建设必须吸取的重要教训。“政贵有恒，治须有常。正确的大政方针要取得实效，重在坚持、难在坚持。”[1]同样，党内法规制

〔1〕　中共中央党史和文献研究院编：《习近平关于全面从严治党论述摘编（2021年版）》，中央文献出版社2021年版，第31–32页。

度执行力建设作为党内法规制度建设的一种正确打开方式，作为关涉党的政治执行力的重要方面，也重在坚持、难在坚持。党内法规要真正发挥管党治党的作用，不仅要重视党内法规制度执行力建设，还必须要以钉钉子精神，一以贯之地重视和强化党内法规制度执行力建设。

第三节　建党百年党内法规制度执行力建设的经验及启示

历史是一面镜子，可以照出现实的影子，并能够通过过往的经验为现实提供参考。当前中国政治体制的最大特征就是党的全面领导。[1]党的领导是当代中国最大的政治。“中国特色社会主义有很多特点和特征，但最本质的特征是坚持中国共产党领导。”[2]中国的事情能否办好，关键在党，关键在“党要管党、全面从严治党”；易言之，治国必先治党，治党务必从严，而从严须依法度、须依规治党。而依规治党的关键则在于提高党内法规制度的执行力，确保这些法规制度能够真正落地、真正发挥作用，而不能作仅仅起到美化作用的装饰品。作为中国特色社会主义事业领导核心，中国共产党深明此理，在建党百年的历史中也持续加强并不断推进党内法规制度建设，始终关注党内法规制度执行力问题，在百年的历史发展中积累

---

〔1〕　参见赵大朋：《使命型政党：中国共产党类型化研究的探索》，载《探索》2020 年第 5 期。

〔2〕　中共中央党史和文献研究院编：《习近平关于全面从严治党论述摘编（2021 年版）》，中央文献出版社 2021 年版，第 53 页。

了丰富的经验。

一、建党百年党内法规制度执行力建设的经验

(一)党中央高度重视党内法规制度执行力建设问题

在建党百年的历史上，无论是在革命战争时期、新中国成立之后，还是自改革开放以来乃至党的十八大之后，党都高度重视党内法规制度建设，并反复强调党内法规制度的执行问题，包括执行的纪律与方式等。例如，毛泽东就指出“身为党员，铁的纪律就非执行不可”〔1〕，甚至在“黄克功事件”发生后，其在给陕甘宁边区高等法院院长、案件审判长雷经天的复信中专门明确，“共产党与红军，对于自己的党员与红军成员不能不执行比较一般平民更加严格的纪律”，这凸显了对党规党纪执行的重视。邓小平、江泽民、胡锦涛等也都多次指出并强调党规党纪及其执行力的重要性，要求强化制度执行力。江泽民在庆祝中国共产党成立 80 周年大会上的讲话中指出，“各级党组织和每个党员都要严格按照党的章程和党内法规行事，严格遵守党的纪律”〔2〕。胡锦涛同志在十七届中央纪委第五次全会上深刻阐述了提高制度执行力的重大意义，强调必须不断提高制度执行力。习近平总书记更是反复强调，“制度一经形成，就要严格执行，

---

〔1〕《毛泽东文集》(第 2 卷)，人民出版社 1993 年版，第 416 页。

〔2〕《江泽民总书记在庆祝中国共产党成立八十周年大会上的讲话》，载《河南职技师范学院(职业教育版)》2001 年第 4 期。

坚持制度面前人人平等、执行制度没有例外，坚决维护制度的严肃性和权威性”[1]，“要强化制度执行，加强监督检查，确保出台一个就执行落实好一个”[2]，“要强化制度执行力，加强制度执行的监督，切实把我国制度优势转化为治理效能……广大党员、干部要做制度执行的表率，引领全社会增强制度意识，自觉维护制度权威”[3]。这对强化党内法规制度执行力，促使其切实发挥作用起到了重要推动作用。不仅如此，在党内法规制度的执行上，党高度重视并强调党的高级干部率先垂范和党员干部引领示范，要求党员干部“带头遵守党内法规制度，严格落实党内法规执行责任制，建立健全本单位（本系统）党建工作制度，不断提高制度执行力”[4]。“党员领导干部应当敢于担当、勇于负责，以上率下、以身作则，带头学习宣传党内法规，带头严格执行党内法规。”[5]“对于任何政党来说，干部都是政党的核心组成部分。他们的素质和形象在一定意义上决定着政党的形象。”[6] 中国共产党作为我国执政党和中国特色社会主义领导核心，更加重视干部的素质和形象，强调党员干部尤其是高级干部的示范引领、模范带头作用。“高级干部特别是中央领导层组成人员应当以身作则，模范遵守党章党规，严格执行党规党纪，坚持不忘初心、开

---

〔1〕 中共中央文献研究室、中共中央纪律检查委员会编：《习近平关于严明党的纪律和规矩论述摘编》，中央文献出版社、中国方正出版社 2016 年版，第 71 页。

〔2〕 习近平：《做焦裕禄式的县委书记》，中央文献出版社 2015 年版，第 59 页。

〔3〕 习近平：《论坚持全面依法治国》，中央文献出版社 2020 年版，第 266 页。

〔4〕《党委（党组）落实全面从严治党主体责任规定》第 7 条第 8 项。

〔5〕《中国共产党党内法规执行责任制规定（试行）》第 9 条第 1 款。

〔6〕 王振民、施新州等：《中国共产党党内法规研究》，人民出版社 2016 年版，第 78 页。

拓前进，坚持率先垂范、以上率下，为全党全社会作出示范，以此推进党内法规的实施。”[1]

（二）重视并加强党内思想政治建设

在建党百年的历史上，党一直高度重视并反复强调思想建党与制度治党的结合。其运用党内法规管党治党通常是与思想建党协同进行、一体推进的，在党内法规制度贯彻执行的过程中强化对广大党员的思想政治教育，开展各种学习活动或教育活动，为党内法规的充分贯彻落实做好思想动员。正因如此，自建党以来，党内开展过多次整党、整风行动，而各种党内学习教育活动的开展更是不计其数。这些活动无疑都对增强党内凝聚力、统一党内思想发挥了关键作用。从哲学上来说，思想是行动的先导。“行动只有发自于内心、驱动于思想，具有足够的自觉性、主动性、能动性，方能达致行动的预设目标。”[2]通过开展思想政治工作，打通广大党员的“任督二脉”，使其充分认识到其作为党员与普通群众的不同，意识到党规党纪在维护和增进党的先进性与纯洁性以及实现党的政治任务方面的重要性，从而能够更加主动地参与到党内法规贯彻执行的过程之中，积极自觉地尊规守纪，减少党内法规制度执行在管党治党实践中的梗阻，提高党内法规制度执行力。而在具体方式方

---

〔1〕 刘长秋：《法经济学视野下的依规治党研究》，载《中共宁波市委党校学报》2019 年第 2 期。

〔2〕 段占朝、刘长秋：《思想建党视阈下党内法规制度执行力提升路径》，载《阴山学刊》2020 年第 4 期。

法上，则在突出和强调党的整体利益之基础上，通过充分开展党内民主、在党内开展批评与自我批评的方式，加强党内监督，及时纠正党内令行不止、有规不行的问题，确保党规党纪得到有效贯彻执行。经验表明，加强党内思想政治建设是解决党内有令不行、有规不依的重要方法，对提升党内法规制度执行力发挥不可忽视的重要影响。

（三）持续强化党内法规执行方面的制度建设

从党内法规发展的历史来看，党内法规制度执行力建设不仅备受党中央高度重视，而且在不同时期都被纳入制度保障层面，通过强化制度建设本身来强化党内法规制度执行力建设。为此，不仅二大党章中明确规定了党员和党组织执行党的全国大会及中央执行委员会之决议或命令的义务，而且还在三大通过了《中国共产党中央执行委员会组织法》这样一部专门的法规。六届六中全会（扩大）不仅专门突出和强调了党内法规制度的重要性，且通过了三个涉及党内法规的专门文件，以此强化党内法规制度的执行力。党的十一届三中全会后，包括《关于党内政治生活的若干准则》在内的多部党内法规都公开强调党内法规制度执行力，并为此作出了专门部署。进入新时代以来，随着党中央和习近平总书记对党内法规制度建设的越发重视，中共中央更加重视党内法规的执行问题，并在《中央党内法规制定工作五年规划纲要（2013—2017 年）》、《中央党内法规制定工作第二个五年规划（2018—2022 年）》、《中共中央关于加强党内法规制度建设的意见》、《中共中央关于坚持和完善中国特色社会主义

制度　推进国家治理体系和治理能力现代化若干重大问题的决定》及《法治中国建设规划（2020—2025年）》中专门对党内法规制度执行问题给予高度关注，制定了《中国共产党党内法规执行责任制规定（试行）》《中共中央政治局贯彻落实中央八项规定的实施细则》《党组讨论和决定党员处分事项工作程序规定（试行）》《中国共产党纪律检查机关监督执纪工作规则》等旨在保障党内法规执行的专门法规，明确了党内不同主体在党内法规执行方面的责任，构建起了内容科学、分工明确、相互协同的执行分工和责任制度，将党内法规制度执行力建设落实到了制度建设与保障本身的层面上。强化党内法规执行层面的制度建设，通过制度建设来保障制度实施，无疑是百年党内法规制度史上的一条重要经验。

（四）不断推进并强化党内纪检监察

党内监督对党内法规制度执行具有引导性作用和约束性作用，也具有惩防性作用和纠偏性作用。“强化党内监督有助于提升党内法规执行力和彰显法规的权威效用。”[1]正因如此，党诞生不久即充分认识到了纪检监察对党内法规制度贯彻执行乃至对党的事业的重要性与不可或缺性，专门在党内设立了监察委员会（纪律检查委员会），作为党规党纪执行的专门监督机构。之后，尽管随着中国革命及社会主义建设形势的发展在某些时期内曾经弱化甚至取消过党内纪检监察机构，但党内缺乏专门纪检监察机构所带来的包括党内监

〔1〕 刘先春、葛英儒：《全面构建党内法规执行的监督保障体系》，载《中共中央党校（国家行政学院）学报》2020年第4期。

督弱化、党内纪律松弛等在内的各种负面问题，使该机构存在的必要性与重要性最终获得了党内的一致认同，且随着党的领导重要性之日益显现和党的建设越来越强化而逐渐恢复重建，并通过持续进行的纪检监察体制改革而日趋完善。而党内纪检监察机构的存在及其运行，对贯彻执行党内法规，维护和保障党员权利以及维护党内团结统一，无疑发挥了至关重要的作用。事实证明，对党规党纪的贯彻执行来说，党内专门的纪检监察机构是不可或缺的，要强化党内法规制度执行力建设，必须高度重视党内纪检监察机构建设，通过党内纪检监察推进党内法规制度的贯彻落实。可以说，这是建党百年党内法规制度执行力建设的一条重要经验。

二、建党百年党内法规制度执行力建设的启示

（一）必须坚定不移推进党内法规制度执行力建设

党内法规建设是从严治党的第一步，执行党内法规是发挥党内法规作用的重要一步。〔1〕加大党内法规执行力度、实现党内法规良好实施，既是党内法规体系完善的重要内容，也是党内法治建设的题中应有之义。〔2〕为此，要从思想、行为等各个方面重视党内法规制度执行力问题，“要完善党内法规制定体制机制……提高党内法规执行

〔1〕 参见朱程斌、李龙：《新时代的国家监察委：通过党内法规的政治机关法治化路径初探》，载《广西社会科学》2018 年第 3 期。

〔2〕 参见伊士国：《党内法规实施保障体系之构建》，载《河南社会科学》2020 年第 6 期。

力"[1]。"要提高制度执行力，让制度、纪律成为带电的'高压线'，使查处违纪违法问题制度化、经常化，使党员、干部心有所畏、言有所戒、行有所止。"[2]

首先，思想上需要正确认识党内法规制度执行力问题。思想是行动的指南，认识是推动实践的关键。必须立足于更高站位认识和把握党内法规制度执行力建设问题，切实从思想上重视党内法规制度执行力建设。党内法规执行力问题事关党内法规制度能否真正落地并发挥管党治党作用，关涉党内法规制度建设的实效，关涉全面依法治国战略和全面从严治党战略的深入实施，关涉党的长期执政能力建设，关涉国家治理体系和治理现代化建设的水平，是发挥党内法规这一"中国之治"最大制度优势，坚持和完善中国特色社会主义制度的必然要求。对党内法规制度执行力问题的认识，必须要有更高的政治站位，从思想上高度重视。这是强化党内法规制度执行力，使党内法规真正发挥作用所必须要明确和坚持的基础。

其次，推进党内法规制度执行力建设要抓住"关键少数"。党内法规制度执行力建设需要以上率下，发挥党员干部引领示范作用。在习近平法治思想中，"关键少数"的作用一直受到高度重视并被反复强调，"高级干部做尊法学法守法用法的模范，是实现全面推进依法治国目标和任务的关键所在"[3]。而"关键少数"的作用显然也体

---

〔1〕 习近平：《习近平谈治国理政》(第2卷)，外文出版社2018年版，第119页。

〔2〕 中共中央党史和文献研究院编：《习近平关于全面从严治党论述摘编(2021年版)》，中央文献出版社2021年版，第436页。

〔3〕 中共中央纪律检查委员会、中共中央文献研究室编：《习近平关于严明党的纪律和规矩论述摘编》，中央文献出版社、中国方正出版社2016年版，第101页。

现在党内法规制度执行方面。党中央需要高度关切党内法规制度执行问题，并将该问题作为事关全面依法治国与全面从严治党战略深入实施，事关国家治理体系和治理能力现代化的头等重大问题，切实加强部署和落实。党内法规作为管党治党的制度，建立在“德位相配”“身变规随”这样的政治伦理与逻辑之上，其对于不同的主体有着不同的要求。通常而言，在党内的职位越高则要求也越高。在贯彻执行党内法规方面，同样的伦理要求和逻辑需要被遵循。为此，在党内法规制度建设过程中尤其是在党内法规制度实施过程中，需要突出强调高级领导干部的率先垂范以及党员干部的引领示范，通过高级领导干部的率先垂范以及党员干部的引领示范，形成党内尊规重纪的氛围，推动党内法规制度得到切实贯彻执行。“各级党委和政府以及各级领导干部要切实强化制度意识，带头维护制度权威，做制度执行的表率，带动全党全社会自觉尊崇制度、严格执行制度、坚决维护制度。健全权威高效的制度执行机制，加强对制度执行的监督，坚决杜绝做选择、搞变通、打折扣的现象。”〔1〕

最后，党内法规制度执行力建设需要被一以贯之地持续深入推进。好的制度需要被贯彻执行，这是任何制度得以发挥作用的关键，因为制度的生命力在于执行。但很显然，良好的制度仅有贯彻执行还是不够，而必须要一以贯之地贯彻执行。“如果好的党内法规制度得不到有效执行，不仅不能发挥应有作用，反而会损害制度自身的

〔1〕《中共中央关于坚持和完善中国特色社会主义制度　推进国家治理体系和治理能力现代化若干重大问题的决定》，载《人民日报》2019年11月6日，第1版。

公信力。”〔1〕党内法规在管党治党方面的作用毋庸置疑，其对推进全面依法治国战略、全面从严治党战略和提高党的长期执政能力，乃至推进国家治理体系和治理能现代化的重要性毋庸讳言。在全面从严治党战略乃至全面依法治国战略推进过程中，如果仅有规可依而无法确保这些规落地，则依规治党就只能是一句空话，全面从严治党战略与全面依法治国战略也会难以真正落实。然而，建党百年的历史经验和教训表明，只有一以贯之地关注党内法规制度执行问题、一以贯之地推进党内法规制度执行力建设，才是确保党内法规制度始终发挥作用的关键。如果关注党内法规制度建设或推进党内法规制度执行力只在一时而无法持续，则党内法规很难真正发挥其应有作用。为此，需要一以贯之地深入持续推进党内法规制度执行力建设，需要在思想上做到持续重视、不松懈，在实践中做到切实推进、不松劲。

（二）必须构建科学的党内法规制度执行保障机制

法规制度生命力在于执行。〔2〕执行决定制度能否真正发挥作用，也决定制度发挥作用的方向、时间与效果。无论是国家法律还是党内法规都遵循此律。但很显然，制度执行力的实现需要建立在科学的执行保障机制之上。科学的执行保障机制能够确保制度执行的各个环节得到理顺，能够确保执行的相关主体责任得到压实，能够确保制度执行从主观到客观全方位受到重视和强化，从而确保制度效能的转化。在建党百年历史上，党中央不断强化制度构建，通

〔1〕沈孝鹏：《党内法规执行不力：多重诱因与治理之策》，载《求实》2017年第8期。
〔2〕参见习近平：《论坚持全面依法治国》，中央文献出版社2020年版，第154页。

过建立和强化党内巡视、党内问责以及党内纪检监察等体制机制建设，逐渐形成了党内法规制度的执行保障机制，以此强化党内法规的执行，使党内法规制度落地。通过党内法规执行保障机制建设，确保了党内法规制度执行力的提升，形成了党内法规制度安排与执行效果的良性互动。为此，在今后推进党内法规制度建设的进程中，必须以刀刃向内的自我革命精神深入推进全面从严治党战略的实施，深化和强化党内法规制度执行力保障的体制机制建设，通过推进和加强党内监督、党内巡视、党内问责、党政干部考核以及深化纪检监察体制改革等，压实相关主体执规责任，使党内法规制度执行力问题持续得到重视和强化。当前，党内已经制定了包括《中国共产党巡视工作条例》《中国共产党党内监督条例》《中国共产党问责条例》《党政领导干部考核工作条例》等在内的大量法规或文件。这些法规或文件都将党内法规的贯彻执行作为重要目标，有助于确保党内法规制度执行力建设，是党内法规制度执行保障机制的重要组成部分。而正在不断深入推进的纪检监察体制改革显然也应当成为党内法规制度执行力保障机制的重要组成部分。党内纪检监察机构的设立及其发展是为了加强党内监督、更好地执行党规党纪以确保党的战斗力之需要，同时也是为了强化自我革命以保持党的先进性与纯洁性之需要。通过深化国家纪检监察体制改革，强化国家监察委的职能，可以将党内监督与党外监督有机结合起来，更好地推进和带动党内监督，发挥“1+1>2”的作用和效果，推进党内法规制度得到切实执行，并以此带动国家法律的有效实施，使党内法规制度切实在依规治党、全面从严治党方面发挥作用，并能够为国家法治的推进做到示范引领，提供有力支撑和保障。就此而言，在党中央的统筹协调之下继续深化纪检监察体制改革显然不仅是监督权力、“把权力关进制度的笼子”之需要，也是构建科学的党内法规制度执行保障机制的必然选择。

三、党内法规制度执行力建设依旧需要强化

从无到有，从小大到，从弱到强，弹指之间，中国共产党已经走过了一百年的发展历程。而用以管党治党的党内法规也已经经历了从无到有，从少到多，从不完善、不成体系到越发完善、已成体系的发展过程。在这一过程中，中国共产党持续关注并推进党内法规制度执行力，使党内法规成为党能够领导人民取得一个个胜利的核心密码。一百年间，中国共产党领导人民砥砺前行，不断奋进，通过党内法规管党治党，并借助党内法规实现了自我修复、自我革命、自我创新，所以我们党历经百年沧桑依然风华正茂。如今，中国共产党已经领导全国人民实现了第一个百年奋斗目标，正在朝向第二个百年目标努力奋进。但很显然，党需要进行的斗争依旧严峻，需要攻克的难关依旧众多，需要党以永远在路上的坚韧不断强化自身建设。现在，世情国情党情深刻变化，我们党面临的挑战和风险更加复杂，面临的“四大考验”“四种危险”更加严峻。[1]越是在这种情形下，越

---

〔1〕 参见中共中央党史和文献研究院编：《习近平关于全面从严治党论述摘编（2021年版）》，中央文献出版社2021年版，第21页。

需要党保持战略定力，保持对自己的高标准与严要求，维护党内团结统一，确保全党一体行动；越需要持续推进依规治党、全面从严治党，持续推进党内法规制度执行力建设。

正如习近平总书记指出的，“新的历史条件下，我们要进行具有很多新的历史特点的伟大斗争、推进中国特色社会主义伟大事业，就必须以更大的力度推进党的建设的伟大工程，坚定不移推进全面从严治党，切实把党建设好、管理好，保持党的先进性和纯洁性，增强党的创造力凝聚力战斗力，提高党的领导水平和执政能力，确保党始终成为中国特色社会主义事业的坚强领导核心”[1]。而能否切实把党建设好、管理好，确保党始终成为中国特色社会主义事业的坚强领导核心，关键在于全面从严治党战略的持续推进，在于全党的政治执行力，在于全党的制度执行力，尤其是党内法规制度执行力。基于此，在新的历史条件下，在新的时代起点上，中国共产党要实现办实事、开新局，需要始终牢记“打铁必须自身硬”的道理，一如既往地强化党内法规制度建设，深入推进依规治党、全面从严治党，持之以恒、一以贯之地强化党内法规制度执行力建设，不断提升党内法规制度执行力。

〔1〕 中共中央党史和文献研究院编：《习近平关于全面从严治党论述摘编（2021 年版）》，中央文献出版社 2021 年版，第 13–14 页。

第三章　党内法规制度执行力问题与原因分析

习近平总书记强调:“坚持思想建党和制度治党紧密结合,思想教育要结合落实制度规定来进行,使加强制度治党的过程成为加强思想建党的过程,也要使加强思想建党的过程成为加强制度治党的过程。”[1]思想建党是中国共产党建设的一个重要原则,也是党的建设的优良传统和自身优势。但历史经验表明,仅靠思想建党远远不够。全面从严治党要靠制度治党保证,将制度建设贯穿全面从严治党的始终。[2]只有坚持思想建党与制度治党紧密结合,才能够真正管好党、治好党,使党真正成为无愧于中国特色社会主义事业领导核心的执政党,巩固党的执政地位。

对于中国乃至世界上党员人数最多的一个执政党来说,中国共产党的政党治理务必要把制度建设放在突出位置,制度治党和思想建党相结合已经成为中国共产党在政党建设中长期坚持的重要原则。抓紧、抓好、抓牢制度建设,不仅要始终重视党内法规制

---

〔1〕 习近平:《历史使命越光荣奋斗目标越宏伟　越要增强忧患意识越要从严治党》,载《人民日报》2014年10月9日,第1版。

〔2〕 参见张文显:《习近平法治思想研究》(下),载《法制与社会发展》2015年第4期。

度制定质量，构建完善的党内法规制度体系，而且还要始终重视并不断提升党内法规制度的执行力，毕竟“徒法不足以自行”，好的制度还需要通过执行环节予以贯彻落实，方能彰显制度的价值，维护制度的权威和尊严。《中共中央关于加强党内法规制度建设的意见》也对此予以特别强调，加强党内法规制度建设，必须“坚持制定和实施并重”，而实施的关键在于两个方面即执行力度和实施效果。

党内法规制度执行力关乎党内法规的生命力，关乎党内法规的尊严、权威，关乎党内法规制度实施体系的建设和完善，甚至也关涉党自身的信用和战斗力，关涉党的政治生命。中国共产党自成立以来就十分重视党内法规制度建设，注重党内法规制度的执行力度和实施效果。注重党内法规制度的执行力是中国共产党能够始终保持党的先进性和纯洁性、始终成为中国特色社会主义事业坚强领导核心的重要法宝，也是中国共产党取得并继续保持长期执政的重要经验总结。

然而，尽管党内法规制度执行力一直受到中国共产党的高度重视，尤其是党的十八大以来，党内法规制度执行力建设更是有了前所未有的长足进步，制度执行力有了根本性提高，在管党治党方面发挥了定海神针般的重要作用，但毋庸讳言，当下党内法规制度执行力依然存在一些需要解决的问题，而且这些问题的解决已经成为制约当前党内法规制度建设的当务之急和重中之重。“党内法规制定出来以后，必须要强化制度执行，加强监督检查，提高党内法规执行力，构建高效权威的党内法规执行体系，确保党内法规的执行落实。”[1]梳理党内法规制度执行力方面的有关问题及其形成原因，挖掘问题的实质，并找出提高党内法规制度执行力的应对之策，对进一步增进党内法规制度执行力，强化党内法规管党治党的实效无疑具有重要的理论和实践意义。

第一节 党内法规制度执行力存在的问题及其表征

简单地说，党内法规制度执行力存在的问题主要是党内法规制度执行的力度不够、实施的效果欠佳，亦即执规不力。“执规不力日益成为依规治党的主要问题。”[2]具体问题则比较多，官方和学者对这些问题现象都有不同的总结。官方总结为以下问题情形：党内法规执行还是一个明显短板，一些地方和部门执行制度先紧后松、上紧下松、外紧内松，制度成了“橡皮筋”“稻草人”，产生“破窗效应”，有规不依、执规不严、违规不究问题尚未得到根本解决。[3]有学者总结为：容易得罪人的制度执行起来往往“变软”，涉及单位和个人利益的制度执行起来往往“变味”，需要持续坚持的制度执行起来往往“变松”，规定原则笼统的制度执行起来往往“变空”，监督检

---

〔1〕 秦强编著：《以党内法规扎紧制度笼子》，人民日报出版社 2019 年版，第 113 页。

〔2〕 宋功德：《党规之治：党内法规一般原理》，法律出版社 2021 年版，第 119 页。

〔3〕 参见中办法规局研究室：《〈中国共产党党内法规执行责任制规定（试行）〉，这样做！》，载共产党网 2020 年 8 月 5 日，http://www.12371.cn/2019/10/23/ARTI1571793901076187.shtml。

查力度小的制度执行起来往往“变淡”。[1]也有学者总结为:有的党员干部党内法规意识淡薄,在执行上打折扣;有的党内法规制定明显落后于时代,不符合党的建设实践需要;有的党内法规质量不高、可操作性不强等,导致部分党内法规落实不到位,执行力不强。[2]还有学者总结为:对制度的断章取义,容易执行的制度就去执行,有难度的就不执行,感觉有利的制度就执行,无利的制度就不执行;只注重制度的宣传却忽视操作,当制度出台时大张旗鼓地宣传,但是“雷声大雨点小”,并未对制度作出有力的执行;对制度任意附加,将谋取个人利益的手段掺杂进制度的执行;执行过程虎头蛇尾甚至出现停滞,在执行的最初热情高涨,在执行途中遇到困难就不再实施下去。[3]

笔者认为,对党内法规制度执行力存在的问题进行类型化分析十分必要。审视并梳理党内法规制度执行力的问题情形,将这些问题进行归类归纳,可以大体上分为执行力不足问题和执行力过头问题两个方面,具体来说,可将党内法规制度执行力问题分为以下四种类型:不执行党内法规制度,不严格执行党内法规制度,不公正执行党内法规制度,不规范执行党内法规制度。

---

〔1〕 颜纪雄:《切实提高制度执行力》,载《党建》2010 年第 7 期。

〔2〕 参见周泽光:《提高党内法规制度执行力的思考》,载搜狐网 2020 年 9 月 4 日,http://www.sohu.com/a/343801996_120075127。

〔3〕 参见胡虹:《全面从严治党背景下提高党的制度执行力研究》,载《中共合肥市委党校学报》2016 年第 4 期。

一、不执行党内法规制度

党内法规制度制定出来的目的是在管党治党实践中得以执行或实施，如果制定出来的党内法规制度无法得到执行或实施，就丧失了其存在的价值，丧失了严肃性和权威性，就会造成党内法规制度执行力不足的问题。实践中，党内法规制度的不执行分为客观上的无法执行和主观上的不愿执行两种情形。

（一）党内法规制度可操作性缺失，客观上无法执行

客观上无法执行，是指由于党内法规制度本身的可操作性差，所导致的事实上的无法执行、有规难依，也就是说，就执规者的主观愿望而言，是想执行相关党内法规制度的，但由于党内法规制度本身缺乏可操作性，虽然有党内法规而法规也就相关问题作了一些规定，但难以执行或实施，致使执规者欲执行却不能。有规可依，并不意味着有规就一定能依，实践中，抽象性原则性规范太多、缺乏程序性规定以及制度设计脱离实际等因素都会导致执行党内法规制度时的客观不能。例如，《中央国家机关公务用车编制和配备标准的规定》对一般性公务用车的标准进行了明文规定，即“一般公务用车配备排气量 2.0 升（含 2.0 升）以下、价格 25 万元以内的轿车（客车、越野车等除外）。确需配备排气量 2.0 升以上、价格 25 万元以上车辆的，报国管局审批”。为此，不少地方作出配套性规定，其标准往往都严于以上标准。如某西部省就规定，一般公务用车原则上配备排

气量 1.8 升(含)以下、价格 18 万元以内的轿车。[1]但实际上,西部省区往往海拔较高、多高山或草原,或地域辽阔(如内蒙古、新疆),或地势坎坷(如四川、重庆),而一般小排量汽车根本无法适应和满足执行公务所需。这种情况下党内法规制度显然就难以执行。而类似的情形在之前尤其是党的十八大之前的党内法规制度建设中并不在少数,即便现在也依旧存在。

(二)执规者对党内法规制度执行存在认识偏差,主观上不愿执行

主观上不愿执行,是指虽然有规可依且有规能依,但执规者出于各种因素的考虑,对党内法规制度不予执行。主观上的不执行,其实质是主观上拒绝执行,有规不愿或不想依。习近平总书记对这种状况表示了忧虑,他指出:“现在,我们有法规制度不够健全、不够完善的问题,但更值得注意的是已有的法规制度并没有得到严格执行。”[2]有学者将这种主观上不执行党内法规制度的情形总结为“制度虚置”,“有制度但制度运行不正常甚至制度不运行,导致的结果是制度虚置甚至制度失败”[3]。而制度虚置问题是提升党内法规制度

---

〔1〕 参见《甘肃明确新标准:一般公务用车价格不得超 18 万》,载中国新闻网 2021 年 9 月 1 日,http://www.chinanews.com/df/2012/04-01/3793548.shtml。

〔2〕 中共中央纪律检查委员会、中共中央文献研究室编:《习近平关于严明党的纪律和规矩论述摘编》,中央文献出版社、中国方正出版社 2016 年版,第 89 页。

〔3〕 林尚立:《制度整合发展:中国共产党建设的使命与战略》,载《毛泽东邓小平理论研究》2007 年第 4 期。

执行力过程中面对的首要问题。[1]

在依规治党实践中，主观上的不执行问题主要表现在，抵抗式执行，软抵抗执行。抵抗式执行，是指表面按党内法规制度的要求办事，实际上却没将要求落到实处，因而达不到预期效果。比如，关于财产申报问题，从实践来看，各级干部瞒报、虚报的现象仍较为普遍。[2]这即所谓的“上有政策、下有对策”或搞变通、打折扣。

软抵抗执行，是指一些党员干部一方面按照党内法规的要求，严格规范和约束自己的行为、不犯事；另一方面却不干事，这突出表现在近年来愈益严重的“为官不为”现象中。[3]这种执行方式是相对于抵抗式执行而言的，是一种消极的抵抗，而抵抗式执行则是一种积极的抵抗或对抗。无论是积极的抵抗还是消极的抵抗，都是与党内法规制度执行背道而驰的，都有害于党内法规制度执行力的提升。

二、不严格执行党内法规制度

《中国共产党党内法规执行责任制规定（试行）》（以下简称《执行责任制规定》）第 11 条第 2 项提供了严格执行党内法规制度的依据，即执行党内法规制度，应当做到：严格执规，令行禁止，不得打折扣、搞变通。而执规不严、违规不究等不严格执规的行为有着相当

---

〔1〕 参见胡虹：《全面从严治党背景下提高党的制度执行力研究》，载《中共合肥市委党校学报》2016 年第 4 期。

〔2〕 参见沈孝鹏：《党内法规执行不力：多重诱因与治理之策》，载《求实》2017 年第 8 期。

〔3〕 参见沈孝鹏：《党内法规执行不力：多重诱因与治理之策》，载《求实》2017 年第 8 期。

大的危害，直接损害了党内法规制度的严肃性和权威性，危害党内法规制度的执行力。

不严格执行党内法规制度，是指执行党内法规制度时，不严格遵守党内法规制度的规定，有令不行、有禁不止，打折扣、搞变通，致使党内法规制度执行力的效果无法得以实现。不严格执行党内法规制度的主要特征是规避性、选择性和消极性。不严格执行党内法规制度的心理轨迹是：虽然有规可依、有规能依，但由于执规者出于各种利益考量，尽可能地规避适用党内法规或条款，如果无法规避，则有选择地执行，或消极地执行。

不严格执行党内法规制度的问题主要有三种情形，即规避性执行、消极性执行、选择性执行。规避性执行，是指执规时出于利益的考量，规避执行党内法规，以免给自己、朋友、领导、本部门、本单位等带来不利的影响。消极性执行主要表现在，执行党内法规制度时，执规主体只是把党内法规“写在纸上，挂在墙上，说在嘴上，写在文件里，放在抽屉里”，或者通过开会、印发通知、嘴上表决心等形式执行党内法规制度，而不关心和关注实施效果。消极性执行体现形式主义在作祟。选择性执行包括在执行规范上有选择，在执行对象上有选择，在执行方式上有选择，在执行标准上有选择。选择性执行主要有以下几种情形：一是利己式执行，对己有利的则执行，对己不利的则不执行；二是应付式执行，上面督促的则执行，上面不督促的则不执行，如搞路边工程和面子工程应付上级检查；三是运动式执行，检查的时候执行，检查过后则不执行；四是歧视性执行，对党员干部不执行，而对普通党员则执行，执行过程中不一视同仁。

三、不公正执行党内法规制度

制度的生命力在于执行，而制度执行贵在公正，我们党历来重视制度执行的公正性。早在延安时期，我们就颁布了《关于惩治贪污浪费行为》的训令和《政府工作人员惩办条例》等法令，对具体惩办方法作出明确规定，而且在制度执行过程中严守法度、一视同仁，不允许任何“特殊人物”“特殊组织”逾越制度之墙。通过严厉查处黄克功、肖玉碧等违法违纪案件，党内生活也随之风清气正起来，继而赢得了局部政权的巩固和群众的认同。[1]公正执行党内法规制度有充分的制度依据。《执行责任制规定》第 11 条第 3 项规定，执行党内法规制度，应当做到：公正执规，坚持党内法规面前人人平等，不得搞特殊、开后门。以此为基点，不公正执行党内法规制度主要是指，就执行对象而言，不能坚持党内法规面前人人平等，执规时搞特殊、“开后门”、“开天窗”。

不公正执行党内法规制度的主要问题及其表现有：逢迎式执行和偏袒式执行。逢迎式执行，是指执行党内法规时，将党员领导干部尤其是自己的领导作为例外，或者听从领导的指示、意思或看领导眼色进行执行。“中央的红头不如地方的黑头，地方的黑头不如领导的口头”就是逢迎式执行的一种真实写照。偏袒式执行，是指由于受圈子文化的影响，对自己的圈子、所在的团体、支持的帮派等利益团体，在是否执行、执行的尺度等问题上从宽、从松、从软，执行力度不大，更谈不上执行效果。

---

〔1〕 参见郭广银：《以执行力永葆制度治党的生命力》，载《红旗文稿》2016 年第 14 期。

四、不规范执行党内法规制度

不规范执行党内法规制度，是指执行党内法规制度时，不能严格依照法定权限和程序，侵犯被执行者的程序性权利甚至实体权利。规范执行党内法规制度有充分的制度依据。《执行责任制规定》第11条第4项规定，执行党内法规制度，应当做到：规范执规，按照规定的主体、权限、程序等执行党内法规。

实践中，不规范执行党内法规制度的主要问题及其表现有：越权执行、违反程序执行、机械式执行。越权执行即执规主体错位。根据党内法规要求，只有有权主体才能依法执规，非执规主体不能行使其他执规主体的执规权力。虽然执规主体不作为的情况时有发生，但也有部分党员领导干部和党组织超越职权范围行使其他执规主体的执规权力。违反程序执行或执规程序缺失，是指个别党员领导干部推动工作只问实际效果、不讲执规程序，执纪问责时严重侵犯被处理对象的程序性权利。机械式执行表现为有的党员对党内法规认识不透彻，不能准确理解和把握法规的基本精神，在实践中难免会矫枉过正或者走错方向。例如，《中国共产党党政领导干部选拔任用工作条例》提出了解决“四唯”问题的措施，但在实际执行中不少地方矫枉过正，将不“唯”票错误地理解成不再“看”票了。[1]这显然曲解了该条例的精神，成为党政领导干部选拔任用工作中不规范执行法规的重要原因。

---

〔1〕 参见王芳、刘长秋：《提高党内法规执行力研究》，载《观察与思考》2017年第5期。

第二节 党内法规制度执行力问题的本质

马克思主义历史唯物主义与辩证唯物主义认为，人类认识的目的在于透过现象看本质。只有透过现象看到并抓住事物的本质，才能够真正了解事物，掌握其发展规律，从而作出科学的判断和决策。而党内法规制度执行中存在的上述问题及其表现，究其本质，是由以下因素决定的；或者说，党内法规制度执行力的本质问题主要有以下几个方面。

一、制度问题

良法才能善治。习近平总书记在提升党内法规制度质量的问题上提出了不少思想论述，其中，将“立得住、行得通、管得了”作为目标指引，确立问题导向的路径选择，明确“把权力关进制度的笼子”的核心要义，坚持于法周延、于事有效的规范逻辑。这为提高党内法规制度质量指明了前进方向，提供了基本遵循。[1]中共中央印发的《关于加强党内法规制度建设的意见》提出，制定党内法规制度必须牢牢抓住质量这个关键。并提出，建党 100 周年时，形成比较完

---

〔1〕 参见叶正国：《习近平新时代党内法规质量思想研究》，载《武汉大学学报（哲学社会科学版）》2018 年第 5 期。

善的党内法规制度体系、高效的党内法规制度实施体系、有力的党内法规制度建设保障体系，党依据党内法规管党治党的能力和水平显著提高。然而，梳理现行党内法规制度可以发现，党内法规制度质量方面依然存在一些问题，总体上看党内法规制度还不十分科学，具体而言，党内法规的体系性尚不完备、适应性尚有欠缺、可操作性有待提高。

（一）从宏观上来看，党内法规规范体系不健全，缺乏系统完备性

完备的党内法规规范体系包括党内法规制度体系、党内法规制度实施体系、党内法规制度建设保障体系三大体系。完备的党内法规规范体系在实质上应当“方向正确”。完备的党内法规规范体系应能达到一定的政治效用，即能够有利于实现“管党治党、治国理政”的战略目标，能够有利于推进党的治理体系和治理能力现代化、保持党的长期执政，能够有利于“保持党的先进性和纯洁性”。

完备的党内法规规范体系应具有科学性。在内容上，“党内法规制定，要以党章为根本遵循，加强顶层设计与系统谋划，不与宪法、法律相抵触，不与党的大政方针以及上位阶党内法规相违背，与已有同位阶党内法规等保持协调一致，着力建成上下贯通、前后衔接、总体协调的党内法规制度系统”[1]。完备的党内法规规范体系在

[1] 陈一远、肖金明：《加强党内法规制度建设　推动全面从严治党向纵深发展》，载《光明日报》2018年10月29日，第5版。

形式上要规范，应当“保证每项党内法规制度都立得住、行得通、管得了”。

然而，现阶段，党内法规规范体系还存在不健全、不完善的问题。党内法规规范体系不健全、不完善主要表现在以下几个方面：一是重视党内法规制度体系的构建，但党内法规制度实施体系、党内法规制度建设保障体系的构建没有得到充分重视；二是党内法规制度体系建设方面，重视起草环节的制度建设，而规划和计划环节、备案审批环节、清理和评估环节的制度建设尚没有得到充分重视；三是党内法规制度实施体系建设方面，实施主体制度比较完善，但实施机制、实施方法等方面的制度尚不完善；四是党内法规制度建设保障体系建设方面，执纪问责制度和责任制度有待进一步落实，监督检查制度和巡视制度有待深入和完善；五是程序性规范方面，重视实体性规定，而忽视程序性规范。

（二）从中观上来看，有些党内法规制度缺乏实践性，不能充分反映和适应实际需要

从实际出发，提高党内法规制度执行力是《中共中央关于加强党内法规制度建设的意见》提出的党内法规制度建设的四大原则之一。《中共中央关于加强党内法规制度建设的意见》指出，加强党内法规制度建设，必须“坚持从管党治党、治国理政实际出发”。基于此，我们认为，加强党内法规制度建设，不断提高党内法规制度执行力，应当“坚持从管党治党、治国理政实际出发”，尊重和体现“管党治党、治国理政”的客观规律；应当坚持问题导向，切实解决党的建

设和党的事业发展中存在的问题；避免脱离实际，在政治上空喊口号而不解决实际问题。

毋庸讳言，有些党内法规制度还不能充分反映和适应实际需要，或者脱离实际而超越于“管党治党、治国理政”的实际需要，或者落后于“管党治党、治国理政”的实际需要。例如，党的十八大之前就有一些地方党内法规制度不适应党的建设实践需要，不能充分反映并落实中央精神，甚至与中央精神相悖，造成中央的很多法规在地方上“空转”，没有真正发挥管党治党威力。这种情况在党的十八大之后，尤其是随着全面从严治党战略的确立，才真正开始改观。

（三）从微观上来看，部分党内法规制度的可操作性不够强

制定党内法规制度的目的在于实施或执行，由此出发，党内法规制度的协调性、可操作性就显得十分重要。党内法规可操作性较差或不高是影响党内法规制度执行力的重要因素之一。正如习近平同志指出的，“这些年来，从中央到地方搞了不少制度性规范，但有的过于原则、缺乏具体的量化标准，形同摆设；有的相互脱节、彼此缺乏衔接和协调配合，形不成系统化的制度链条，产生不了综合效应；有的过于笼统、弹性空间大，牛栏关猫，很多腐败问题不仅没有遏制住，反而愈演愈烈”〔1〕。实践中，党内法规可操作性较差或不高主要表现在：有些党内法规制度之间相互冲突，即党内法规与国家法律或上位党内法规存在冲突；有些党内法规制度之间缺乏协调，即有些党内法

〔1〕 中共中央纪律检查委员会、中共中央文献研究室编：《习近平关于严明党的纪律和规矩论述摘编》，中央文献出版社、中国方正出版社2015年版，第64页。

规与同位阶的其他党内法规之间存在矛盾或不一致；有些党内法规制度解决实际问题有效性不足，或针对性不强；有些党内法规“制度设计抽象笼统，程序性规定较少”[1]。此外，一些党内法规的政治性有余、规范性不足，只提原则笼统的口号要求，缺乏具体的规范要求和落实措施；有的党内法规甚至被定了密级，普通党员看不到。[2]这些都导致了依规治党实践中党内法规制度执行力出现问题。

二、思想认识上的问题

认知是行动的先导。只有对事物具有足够的认知、充分的领悟，并形成深刻的思想和坚定的信念，人们才能主动地付诸行动。行动只有发自于内心、驱动于思想，具有足够的自觉性、主动性、能动性，方能达致行动的预设目标。就思想认识而言，必须先使全体党员和各级党组织充分认识到学规、守规、执规和执纪问责的政治意义，才能奠定党内法规制度执行的思想基础，提升全党学规、守规、执规和执纪问责的政治意识，从而提高党内法规制度执行力，提高党内法规制度执行的实际效果。从思想认识角度梳理党内法规制度执行力不强或效果不佳的问题及其表现，发现有以下深层次的思想认识问题，这些因素影响执规者的执规态度，长此以往就形成了“有规不依、执规不严、违规不究”的问题。规避性执行、选择性执行、消极性执行等执规

---

〔1〕 王海：《制度治党畛域下新时代党内法规执行力建设的思考》，载《甘肃理论学刊》2018年第6期。

〔2〕 参见秦强编著：《以党内法规扎紧制度笼子》，人民日报出版社2019年版，第114页。

态度问题皆源于此，都是思想认识问题的表现。

（一）学规意愿不够强烈

学规是守规、执规的基础，只有深入学习并充分领会党内法规的精神实质，才能全面理解并准确把握党内法规及其相关制度的要求，从而在现实生活和工作当中模范遵守党内法规、严格执行党内法规。而现实中，普通党员、党员领导干部和各级党组织都程度不同地存在学规意识不够的问题，尤其是缺乏足够的系统学习意识。学规意识不够主要表现为被动式学习、机械式学习、应付性学习。被动式学习，是指某些党员和党员领导干部不是发自内心、主动学习党内法规，而是在迫不得已的情况下（尤其是在上级有要求或组织有要求的情况下）不情愿地学习党内法规。机械式学习，是指有些党员和党员领导干部在被迫和别人督促下学习党内法规，所以学习的态度是为了学习而学习，并不关心通过学习了解了什么、领会了什么、掌握了什么以及提高了什么，也不深入钻研学习的方式方法，水过地皮干，结果学习之后没有任何效果。应付性学习则是指，一些党员和党员领导干部不重视对党内法规制度的学习，之所以学习，更多的是出于应付，利用碎片化的时间，看几条碎片化的条款，形成一些碎片化的肤浅认识。这种学习方式，往往是浮光掠影、浅尝辄止，断章取义、各取所需，把握不准精神实质，也不想深入领会精髓要义，甚至出现制度误解，影响了党内法规制度执行力。[1]学规

〔1〕 参见袁海晗：《提高党内法规制度的执行力》，载《红旗文稿》2017年第18期。

意愿不够强烈直接导致学规在更多时候成为一种形式，使学习者难以形成更毋宁说固守应有的党内法规执规或守规意识。

（二）守规意识不够深入

守规是尊规的前提，而尊规则是执规的驱动力。就此而言，只有提高遵守党内法规制度的自觉性，才能提升党内法规制度执行力。[1]守规是指在思想层面上，党内法规调整的对象对党内法规的遵守。守规的实质是自觉遵守党内法规，守规表现为不做出党内法规制度禁止的行为。守规的特征具有自律性、自觉性和主动性。守规意识的高低从一定程度上影响党内法规制度的执行力度和实现程度。因为只有广大党员能够自觉守规，才能够减少党内法规在管党治党实践中的执行阻力，从而提升党内法规制度执行力，也才能真正确保实现全面从严治党。就此而言，自觉遵守党内法规是全面从严治党的必然要求，是党的先进性和纯洁性的重要体现，是提高党内法规执行力的必要前提。

然而，目前从党内法规被贯彻落实的情况来看，党内广大党员和各级党组织的守规意识显然还不够到位，主要表现在：在依规治党实践中还存在被动性守规、选择性守规的问题，部分党员尊规守规的自觉性不足、自律性不够，甚至普遍存在规避和侥幸心理。就党员领导干部而言，有些党员领导干部喜欢搞特权、搞例外、搞“一言堂”，置党中央要求以及相关党内法规的相关规定于不顾，守规意

---

〔1〕 参见温聪、巫星：《习近平关于党内法规制度执行力重要论述研究》，载《江南社会学院学报》2019年第3期。

识匮乏，还不能起到带头守规的作用。

（三）执规态度不够端正

执规即对党内法规的执行，执规态度或执规意识体现在两个方面：一是执行党内法规时主观上的意愿；二是执行党内法规时执行态度表现出的客观上的意志力或能力。执规态度或执规意识直接决定党内法规制度的执行力度和实施效果，执规态度端正则执规力度就会强大、实施效果就会理想，反之亦然。

中央文件对执规从严作出了鲜明的规定。中共中央印发的《关于加强党内法规制度建设的意见》指出，治国必先治党，治党务必从严，从严必依法度。从严治党要求执规主体在执行党内法规时应贯彻“有规必依、执规必严”的原则。这一原则在《执行责任制规定》、《中国共产党纪律处分条例》和《中国共产党问责条例》中都得到了充分体现。

不得不承认，执行党内法规时，党员、党员领导干部和各级党组织或多或少存在执规态度不够端正、执规意识不够高的问题。有的不执行、执行中变形变味以及对党内法规进行软抵抗执行；[1]有的打折扣执行、“留暗门”、“开天窗”；有的缺乏执行能力，缺乏执行底气；[2]有的面对复杂问题执规时，号召力减弱，无法解决利益冲突，

---

〔1〕 参见沈孝鹏：《党内法规执行不力：多重诱因与治理之策》，载《求实》2017年第8期。

〔2〕 参见刘乐明：《党内法规制度要执行到位》，载《中国纪检监察报》2019年8月22日，第7版。

矛盾叠加时找不到化解思路和方法。[1]

(四)执纪问责意志力不够强大

执纪问责制度是党内法规的“牙齿”,是维护党内法规制度的严肃性和权威性的重要制度保障,是提高党内法规制度执行力的必要制度安排。执纪问责制度不仅具有重要的制度价值,而且还具有重要的政治意义。完善执纪问责制度,可以“充分发挥党内法规在管党治党中的制度利器与制度震慑作用,夯实党的执政根基,保持党的先进性和纯洁性,推动全面从严治党向纵深发展,从根本上提升党的执政能力和领导水平”[2]。

执纪问责制度的实施靠的是人,而影响人的作用发挥的首要因素是意志力,因此,提升执纪问责意志力对严格执纪问责制度,提高党内法规制度执行力就显得尤为重要。所谓执纪问责意志力,是指执纪问责主体自觉地确定目的,并根据目的来支配、调节自己的行动,克服各种困难,从而实现目的的决心。

当前,执纪问责意志力不够强大的问题主要表现在:不能严格遵守“违规必究”的基本要求,对有些违纪问题和失职失责行为“睁一只眼闭一只眼”;一些地方对违反党内法规的行为追究不力,纷纷“放水”,不敢问责,怕得罪人,“零问责”“零执纪”,或者追究责

〔1〕 参见宋家本:《党内法规执行过程问题研究》,载中国知网“中共中央党校博士论文”2019年6月1日。

〔2〕 陈一远、肖金明:《加强党内法规制度建设　提升党内法规制度执行力》,载党建网2020年9月4日,http://www.dangjian.com/djw2016sy/djw2016xxll/201810/t20181029_4876434.shtml。

任“追下不追上”，责任追究制度形同虚设，使党内法规成了“稻草人”，损害了党内法规的公信力和权威性。[1]“塌方式”腐败现象的产生，一个重要原因就是执纪问责意志力不够强大，没有做到防微杜渐，没有做到从源头上抓起、从个别腐败分子抓起、从小腐败问题抓起，从而造成小腐败演变成大腐败、个别人的腐败蔓延成“批量”腐败。

三、执行主体上的问题

制度执行主体是构建制度执行力的核心。[2]因此，构建和提升党内法规制度执行力要解决的核心问题之一就是执行主体上的问题，即执行主体的政治素质和执行能力，具体表现为忠诚执行能力、依规执行能力和规范执行能力。

忠诚是全体党员必须履行的对党的神圣政治义务，执行党内法规制度时尤其需要强调忠诚义务。所谓忠诚执行能力，是指执行党内法规时，应超越集团利益、单位利益、部门利益和个人利益，将党的事业和发展放在第一位，将为人民服务作为唯一考量因素，严格公正执行党内法规。忠诚是入党的承诺，也是《中共中央关于坚持和完善中国特色社会主义制度 推进国家治理体系和治理能力现代化若干重大问题的决定》强调的执行主体的三大政治品格之一。忠

---

〔1〕 参见王芳、刘长秋:《提高党内法规执行力研究》，载《观察与思考》2017 年第 5 期。

〔2〕 参见莫勇波、张定安:《制度执行力：概念辨析及构建要素》，载《中国行政管理》2011 年第 11 期。

诚执行要求执行主体在执行党内法规制度时，坚持坚定的当代中国马克思主义的政治信念，[1]坚持对党和党的伟大事业忠诚、对党内法规制度忠诚，忠实维护和实现党内法规制度的精神和要求。

党内法规制度的执行应深入贯彻法治理念。法治是治理体系和治理能力现代化建设的重要内容、重要步骤和重要指标，运用法治理念加强党内法规制度建设、提升党内法规制度执行力是制度治党的重要抓手。党内法规制度执行主体要不断增强运用法治思维和法治方式思考问题和解决问题的能力，把法治的信仰和理念贯彻到执行过程的始终，这是由党内法规的"法律"属性和党内法规体系是社会主义法治体系的重要组成部分所决定的。依规执行首先是依据党章执行，[2]包括党章在内的党内法规体系应当成为执规的依据和唯一考虑的因素，在此之外则不应当掺杂任何个人、集团或圈子的主观因素和利益考量；不仅如此，还需要在党内法规制度执行实践中严格把握依规执行之"规"的外延，不能将其外延宽泛到党内规矩，也不能宽泛到国家法律、社会规范和其他参政党的规定，依规执行只能是依据党内法规。[3]

---

〔1〕 储建国教授认为，当代中国共产党人的政治忠诚是基于当代中国马克思主义理想信念的政治忠诚，而不是那种人对人的狭隘忠诚。笔者认为，在执行党内法规制度时也应当具有这种忠诚。参见储建国：《当代中国共产党人的政治忠诚》，载《人民论坛》2019 年第 7 期。

〔2〕 方堃教授认为，党章在制度体系建设中的功能从提供体例依据转变为提供内容参考。也就是说，其不能是执规的直接依据。参见方堃：《论"依章治党"——以中国共产党党内法规制度体系建设为背景》，载《江苏社会科学》2019 年第 5 期。

〔3〕 刘长秋教授认为，依规治党之"规"专指党内法规，而不包括国家法律、社会规范等其他党的规矩。笔者认为依规执行也应当严格依据党内法规。参见刘长秋：《依规治党之"规"的外延研究——兼论党内法规制度建设应坚持的三大思维》，载《理论与改革》2019 年第 1 期。

程序化是现代法治的精髓，是治理体系和治理能力现代化的重要内容，是制度建党、依规治党的内在要求。基于对程序正义的重视，党内法规的制定从过去主要是实体性法规，向兼顾实体性和程序性法规转变。而且，为了强化程序的效力，《执行责任制规定》将"规范执行"确立为执行党内法规制度应坚持的四大要求之一。规范执行就是严格按照党内法规设定的主体、权限、范围、内容、方法、程序、步骤等程序性规定执行党内法规。规范执行是执行能力的重要内容、外在体现和内在要求。当前，执行主体上的问题主要表现在以下几个方面。

（一）政治素质有待增强

党内法规最为重要的属性是政治性，宋功德教授认为：政治性，是党内法规的"魂"，党内法规作为党的意志的体现，必须具有鲜明政治性。[1]因此，执行党内法规制度首先是一项政治任务和政治义务，提高全体党员尤其是执规者的政治素质和政治意识是提高党内法规制度执行力的首要前提。

在党内法规制度执行力方面，政治素质体现在执行意愿、执行技术、执行水平、政治方向和政治立场等方面。执行意愿强烈、执行技术优化、执行水平高超，则党内法规制度执行的力度和效果就有了坚实的主体性基础。"在政治素养方面，由于政治素养在干部活动中具有方向指引的作用，因此干部应该具备坚定的政治方向和政治

〔1〕 参见宋功德：《坚持依规治党》，载《中国法学》2018年第2期。

立场。”〔1〕

然而，由于执行主体中存在执行意愿不够强烈甚至缺乏、执行技术不够优化甚至落后、执行水平不够高超甚至低下的问题，执行的主观能动性没有得到充分发挥，制约了党内法规制度执行力的实现。“素质欠缺、不认真负责的执行主体，有可能由于缺乏执行意愿和执行能力而不愿、不会或拖延执行制度，甚至妨碍各项制度的执行落实，导致出现制度执行不力的后果。”〔2〕同时，由于有的执规主体缺乏坚定的政治方向和政治立场，使党内法规制度的执行发生了立场错误和方向偏差，从而在根本上影响党内法规制度的执行效果，甚至危害党内法规的严肃性和权威性。

（二）执行能力有待提升

制度执行力，不仅代表制度执行的力度，是制度执行效果的反映，更是人执行制度的能力的表征。因此，制度执行者的综合素质尤其是能力至关重要。就党内法规制度执行而言，提升干部素质是提高党内法规制度执行力的重要条件。〔3〕所谓制度的执行能力不强就是说执规主体执行党内法规制度的力度、速度、效果等不好。〔4〕执行能力包

---

〔1〕 李拓：《制度执行力是治理现代化的关键》，载《国家行政学院学报》2014 年第 6 期。

〔2〕 莫勇波、张定安：《制度执行力：概念辨析及构建要素》，载《中国行政管理》2011 年第 11 期。

〔3〕 参见李拓：《制度执行力是治理现代化的关键》，载《国家行政学院学报》2014 年第 6 期。

〔4〕 参见李拓：《制度执行力是治理现代化的关键》，载《国家行政学院学报》2014 年第 6 期。

括党员执行能力和党组织执行能力两个层面，党员执行能力的影响因素主要有文化素质、心理素质和技术素质三个方面。党组织执行能力的影响因素主要有领导素质、团队合作、执行机制三个方面。

执行能力问题主要表现在：执规者的党内法规知识欠缺或没有形成体系化的认知；执规技术和操作能力不强；团队合作、协作不够，决策层、管理层与执行层在执行的依据、方式、方法、途径等问题上不能形成一致意见，上下层之间的执行信息流动不畅；执行机制不科学，存在纵向和横向的结构性障碍，内耗并消解执行能量，从而使制度执行力受阻。〔1〕

四、执行流程上的问题

执行流程包括静态的执行机制和动态的执行过程两个方面，是静态和动态的有机统一，静中有动，动中有静，静态的执行机制在动态的执行过程中予以遵循，动态的执行过程对静态的执行机制予以检验。完美的执行流程包括静态的执行机制的科学安排和动态的执行过程的科学运作两个方面，然而，党内法规的执行机制和执行过程还存在一些问题。

（一）执行机制不够完善，执行流程不畅

执行机制是影响党内法规制度执行力的重要因素，好的制度要

〔1〕 参见李拓：《制度执行力是治理现代化的关键》，载《国家行政学院学报》2014年第6期。

想充分发挥制度执行力，一个重要的条件就是具备健全完善的执行机制，只有这样，才能确保执行的各个环节通畅顺利，确保制度被执行到位。同样的制度，会因不同的执行机制而产生不同效果，科学的执行机制可以有效地提高制度执行力；相反，则会降低制度执行力。正因如此，建立科学的执行机制已经成为现代管理学对于执行力的一个内在要求。

从理论上来说，执行机制不健全是导致党内法规制度执行力不足或实施效果不佳的重要原因之一。现阶段，由于党内法规制度的执行主体、执行程序、执行方式和方法、执行手段、保障制度等影响执行的因素的科学安排不够、内在机理缺失，不少党内法规制度执行机制还不够科学，往往过于依赖党政“一把手”的推动，而一旦党政“一把手”在相关问题上没有给予关注和重视，则党内法规在执行时往往会遭遇梗阻，从而影响制度执行的推进，妨碍党内法规制度执行力。

（二）执行过程比较随意，先权衡后执行

执行过程或程序是党内法规制度执行必须遵循的制度问题，是事关执行的科学性、规范性、公正性与否的根本问题，绝不是可有可无的任意割舍的东西。执行过程中存在的问题主要表现在以下几个方面。

1. 从主观角度上看，任意性执行相对突出

讲政治，是中国共产党对广大党员及各级党组织的基本要求。“我们党作为马克思主义政党，讲政治是突出的特点和优势。”[1]这是

---

〔1〕 中共中央党史和文献研究院编：《习近平关于全面从严治党论述摘编（2021年版）》，中央文献出版社2021年版，第97页。

因为，“没有强有力的政治保证，党的团结统一就是一句空话”[1]。而在中国特色社会主义新时代，强调“四个意识”和“两个维护”显然是讲政治最为直接的要求和体现。为此，需要坚决执行党中央决策部署，确保党的路线方针政策的落地执行。而党内法规本身就是党的路线方针政策的重要载体。就此而言，执行党内法规实际上是一种政治要求，是讲政治的必然结果。易言之，执规本是一项政治责任，有规必依是执规的第一要求。为此，《执行责任制规定》予以庄严宣告，“牢固树立执规是本职、执规不力是失职的理念，切实担负起执行党内法规的政治责任”。然而，现实中，在执行党内法规制度问题上，对是否执行、执行什么、怎么执行、多大程度上执行等问题，执规主体都存在不作为、乱作为的问题。

2. 从执行方式上看，利益权衡先于执行

马克思指出，“人们奋斗所争取的一切，都同他们的利益有关”[2]。作为为中国人民谋幸福和为中华民族谋复兴的使命型政党，中国共产党从不回避利益问题，但其对利益的关注和强调是基于人民的利益而非自身的利益。正因如此，中国共产党明确将“全心全意为人民服务”作为党章明确规定的基本宗旨，指出“党除了工人阶级和最广大人民群众的利益，没有自己特殊的利益”[3]，要求“坚持权为民所用、情为民所系、利为民所谋”。这在党内法规制度中体现

---

〔1〕 中共中央党史和文献研究院编：《习近平关于全面从严治党论述摘编（2021 年版）》，中央文献出版社 2021 年版，第 97 页。

〔2〕《马克思恩格斯选集》（第 1 卷），人民出版社 1956 年版，第 82 页。

〔3〕《中国共产党章程》总纲。

为党内法规制度建设坚持以义务为本位，以义务本位作为党内法规制度的基本理念，始终强调党员义务和责任，强调党员和党组织对党内法规的执行和遵守。就此而言，严格执规往往会对相关党员和党组织自身的利益带来影响，但中国共产党的先进性要求决定了执规必严必然是执规的基本要求。然而，从执行方式上看，普遍存在执行前首先从自己的角度进行利益权衡，然后作出选择性执行的问题。“在执行制度时，按照自身利益以及其对制度的理解、看法肆意剪切制度，根据需要任意取舍，搞‘上有政策，下有对策’，对制度的条文随意进行裁量和选择执行，以达到自身的目的。”〔1〕这种执行方式不是依规执行、严格执行、公正执行、规范执行，而是出于利益考量，由领导是否重视、上级是否督促、是否有人监督等因素决定是否执规以及执规的力度，至于执规的效果则在所不问。

3. 从执规结果上看，执规公正性有所缺失

法作为一个社会行为准则，是“公道和正义的标志”〔2〕。可以说，公正是法的基本品格，也是所有法律法规最为基本的价值追求。公正的含义是平等地对待任何人，给人以应得。公正执法是现代法治对于执法的基本要求，而公正执规、违规必究则是依规治党对于党内法规执行的内在要求。易言之，违规必究是执规应当坚持的另一原则。不公正执规表现在：在执行对象上，不能坚持党内法规面前人人平等，搞特殊、“开后门”的问题比较突出；因人而异，同规异执

〔1〕 邵从清：《论提高党内法规制度体系执行力》，载《山东社会科学》2016年第12期。

〔2〕 刘长秋：《人类辅助生殖技术的刑法学思考》，载《东方法学》2008年第2期。

的现象时有发生。实践中，在有些地方或部门，领导犯错不究或轻究，而普通党员犯错则重究的问题经常存在。在一些地方和部门，党内法规执行变味较重。在条款执行上，经常存在通过搞变通来规避适用条款的情形，在执规力度上则出现打折扣执行的问题。这些问题或现象的存在使党内法规制度的执行公正性受到挑战，影响了党内法规及相关制度的公正实施。

五、制度保障上的问题

提高党内法规制度执行力需要有力的制度保障，而监督检查制度和执纪问责制度是两项重要制度安排。监督检查制度是党内法规制度执行力问题的“发现机制”，执纪问责制度是党内法规制度执行力问题的“解决机制”。根据现行党内法规的规定，监督检查制度主要监督党内法规制度执行情况和党内法规制度执行责任。然而，党内法规制度执行的这两种保障制度或机制还存在一些问题，主要表现在以下几个方面。

（一）执行责任制尚未得到全面落实

《执行责任制规定》对党内法规执行的要求、主体以及机制等进行了明确规定，有助于推进党内法规的严格执行，使党内法规管党治党的制度或规定落到实处。然而，实践中，有些地方、有些部门、有些单位和一些党员领导干部还没有全面落实《执行责任制规定》的精神和要求，不能依规、严肃、公正、规范执规，党员领导干部或党组织的违规行为还没有受到或及时受到纪律处分（纪律处理）和追责。不少地方存在责任制分解不够明确具体、落实制度和机制缺乏、督促制度和机制缺失、整改制度缺失或形同虚设、考核过程形式化、考核结果无用化、责任评价和考核结果“两张皮”、责任追究不力等问题。

（二）党内法规制度执行的党内监督效果不十分明显

党内法规明确了党内监督体系的构成。《中国共产党党内监督条例》第 9 条规定：“建立健全党中央统一领导，党委（党组）全面监督，纪律检查机关专责监督，党的工作部门职能监督，党的基层组织日常监督，党员民主监督的党内监督体系。”根据该条规定，党内监督体系由五大监督主体或监督形式构成，即党委（党组）全面监督，纪律检查机关专责监督，党的工作部门职能监督，党的基层组织日常监督，党员民主监督。《执行责任制规定》也对这五种监督主体或监督形式在监督内容、监督责任等方面予以了进一步明确，增强了党内监督的可操作性和可归责性。根据现行党内法规关于党内监督的制度规定，党内监督的制度安排已臻完善，党内监督的指导思想、基本原则、监督主体、监督内容、监督对象、监督方式、监督工作制度、监督机制等重要问题都有了明确规定。

但是，对党内法规制度执行的党内监督还存在一些问题，主要是监督的效能有待提高，具体表现为：党内监督五种形式尚没有形成制度合力，监督力量不够强大，监督效果不够理想；作为发现机制的重要组成部分，党内日常监督没有成为向执纪问责主体提供线索的主力军，反而 60% 以上的线索来自巡视；[1]党内监督主体的工作能力和水平有待提高；对“一把手”缺乏有效监督手段，集体腐败窝案时有发生；监督时发现问题后，却忽视对问题的整改及监督；党内监督还“存在着监督方式单一问题，缺乏对党内法规执行的定期督查和专项督查等方式，由于单一的监督方式无法与监督的职能、范围相适应，不利于党内法规的有效执行”[2]。

（三）党外群众监督和新闻舆论监督乏力，民主党派监督缺位

党内监督体系建立了自上而下的高压监督、自下而上的民主监督、横向的多元化主体监督。虽然这样的纵横交错的党内监督体系比较完备，对党自我净化、自我完善、自我革新、自我提高具有重要的制度意义，对提高党内法规制度执行力具有重要的保障作用，但是，他律性的党外监督对提升党内法规制度执行力具有党内监督不可替代的意义和作用。

《执行责任制规定》第 14 条明确规定了党内法规制度执行的党外监督包含了群众监督、新闻媒体监督。但这两种外部监督形式尚没有发挥应有的监督作用，存在监督乏力的问题。人民群众和工会、共青团、妇联等社会团体的力量分散，其监督意见在形成有影响的社会舆论前，往往不被监督主体重视甚至经常被忽视。新闻媒体

---

〔1〕 从监督执纪的巡视工作来看，超过 60% 的来自巡视的线索成为中央纪委审查案件的基础。参见杨永庚、闫荣国：《十八大以来中国共产党监督执纪问责纵向比较》，载《陕西行政学院学报》2019 年第 2 期。

〔2〕 石佑启、李杰：《论提高党内法规的执行力》，载《学术研究》2018 年第 5 期。

往往受到有关方面的钳制，其监督往往是在形成社会舆论时才跟进，自身不能起到独立的监督作用，不能成为一股独立的党外监督力量，不如将新闻媒体的监督看成党外群众监督的一部分。值得一提的是，民主党派对党内法规制度执行的监督存在缺位，其监督形式被政协监督所取代或主动交给政协监督，不能在政协之外进行随机的、自由的、主动的、互补性的监督，不能发挥民主党派监督的独立价值。

（四）执纪问责不够及时，问题针对尚有缺陷

执纪问责制度是党内法规制度的最后一道屏障。党内法规制度是否能够受到遵守、是否能够依法执行，党内法规执行责任制度是否能够被落实，党内监督制度是否能够发挥效力，关键是看能否依法严格执纪问责。执纪问责制度是一把“利剑”、一口“铡刀”，是党内法规制度执行力的重要保障。建立党内法规执纪问责制度的主要目的是，通过执纪问责，促使各级党组织和全体党员自觉遵守党内法规，严格执行党内法规，积极维护党内法规，为提升党内法规制度执行力提供制度保障。〔1〕

执纪问责不够及时，在党内执纪问责中经常存在，而这也是导致党内一些党员尤其是党员领导干部由小疏发展为大错的原因所在。党员受到党内法规纪律处分、纪律处理和追责的，有时候由于不够及时，不能起到应有的惩戒和教育意义。教育千次，要求千次，不如问责一次。现实中，一些制度之所以不落实，很大程度上是因

---

〔1〕 参见石佑启、李杰:《论提高党内法规的执行力》，载《学术研究》2018年第5期。

为违反制度的行为没有及时受到查处，对违反制度的行为缺少应有的惩戒。[1]对待目前存在的软抵抗执行问题，执纪问责还欠缺手段。例如，当前形式主义和官僚主义滋生，而在党内法规制度执行中，执纪问责主体对此办法不多，没有有效地遏制住这种歪风邪气。对特别领域严重问题的专项斗争，有些地方的执纪问责主体不仅缺乏“一查到底、绝不姑息”的勇气和担当，而且还把这种专项斗争看成一场“运动”，结果“拔出萝卜”却没有带出泥，惩戒一批、包庇一批、纵容一批，这种肤浅的、运动式的执纪问责危害更大。这是因为，“运动”过后，暗流之下的腐败分子往往会重新浮上社会且更加嚣张，而且会让群众丧失对党和国家的信任。

第三节　党内法规制度执行力问题形成的原因

学术研究的目的在于寻找和发现问题，并在分析问题形成原因的基础上提出相应的对策，以促使问题得到顺利解决，而我们对党内法规制度执行力问题的分析显然也在此列。就此而言，发现党内法规制度执行中的问题并不是我们研究的终点，而只是一个起点，研究的更重要任务在于分析并归纳党内法规制度之所以出现制度执行力不足的原因。通过对党内法规制度执行力的问题及其本质的分析，可以发现，党内法规制度执行力问题的形成原因主要在于以下

---

〔1〕 参见沈小平：《有制度不执行比没有制度危害还要大》，载中国经济网 2020 年 9 月 4 日，http://views.ce.cn/view/ent/201910/18/t20191018_33376630.shtml。

几个方面。

一、党内法规制定保障不力

造成党内法规制度不科学的原因，既有主观的方面，也有客观的方面，是主观和客观共同作用的结果。从客观方面来看，党内法规制度体系的完备是一个渐进的过程，不能一蹴而就，同时，党内实践需要的动态变动也决定了党内法规制度处于与时俱进的动态演变过程。

（一）从内容上来看，主要有以下五个方面的原因

1. 党内法规体系建设上，存在两个“一头重、一头轻”的情况

党内法规体系建设存在两个“一头重、一头轻”，一是党内法规制度体系的构建“一头重”，而党内法规制度实施体系、党内法规制度建设保障体系的构建“一头轻”；二是影响党员或党员领导干部权利义务的实体性规定“一头重”，而执纪问责的程序性规定“一头轻”。

从党内法规体系上来说，虽然党内法规制度体系的构建与完善受到了足够重视，但党内法规制度实施体系、党内法规制度建设保障体系的构建没有得到充分重视。体现在党内法规理论研究中，有关党内法规制度体系理论方面的研究成果已经多如牛毛，但有关党内法规制度实施体系、党内法规制度建设保障体系寥若晨星。由于在思想上存在重制定轻实施的想法，所以在现实中就存在为制定而

制定的做法。党内法规在制定时对其体系的完善欠周全考虑，更不用说统筹考虑三大体系构建并重了。

从党内法规的程序性规定来说，存在“重实体轻程序”的立规思路。虽然，《执行责任制规定》和其他相关专项问题的责任追究办法也有些许程序性制度规定，但这些程序性制度对及时发现违反责任制度的行为还远远不够。同样，在发现违纪和失职失责行为问题上，《中国共产党纪律处分条例》和《中国共产党问责条例》也缺乏充分有效的程序性规定。

2. 党内法规制定质量保障体系不够完善，备案审批制度、清理评估制度还停留于纸面上

党内法规制定质量之所以有待提高，其原因在于：党内法规制定质量保障体系尚不健全，不能形成完美的、周而复始的自循环运动；立项、起草、备案审批、清理评估各个阶段的制度之间尚不能互相呼应，各项制度的运作相互之间缺乏协调性。由于党内法规在我国真正受到普遍重视主要是在党的十八大之后，而相应的理论研究与人才培养并没有及时跟上，导致我国党内法规人才培养还无法适应党内法规实践工作的需要，使具体从事党内法规工作的各个具体部门人手存在严重不足，在党内法规工作中只能抓住部分环节而难以顾全。在这种情况下，实践中对立项和起草工作及其制度建设往往比较重视，但对备案审批工作、清理评估工作及其制度建设的重视程度尚不够。备案审批工作还没有充分做到对党内法规和党内规范性文件的依法审查，清理工作尚未制度化、规范化和程序化，科学的评估机制、评估方式、评估方法、评估标准、评估内容尚未

形成。

3. 党内法规制定机制不够科学，党内法规制定质量不高

就党内法规制定过程来看，尽管已经形成了计划与规划、起草以及清理评估等相应阶段，但无法保证制定过程的科学化。具体而言，从规划与计划阶段来看，党内法规立项的科学论证制度尚未建立，立项工作亟待制度化、规范化、程序化。就起草阶段而言，“谁制定谁起草”的制度虽然可以做到专门化，但不能做到专业化，没有党内法规专家学者的积极参与，就无法从根本上解决科学化不足的问题。“谁制定谁起草”的制度不仅会产生“闭门造车”的现象，而且还可能产生“利益立规”的问题发生，起草部门在党内法规制定过程中容易夹带“私货”，通过立规程序将其部门利益融入法规。就清理评估阶段而言，清理和评估制度尚未制度化、规范化和经常化，尤其是科学的评估机制尚未完全建立起来。

4. 党内法规制定过程中的参与制度不够完善，民主立规程度不够

习近平总书记指出，推进科学立法、民主立法，是提高立法质量的根本途径，[1]而参与制度已成为世界各国民主立法的重要方式，也被世界各国在立法实践中广泛应用。党内法规制定同样应当贯彻民主参与原则。党内法规制定过程中的参与制度包括党内参与制度和党外参与制度，前者是指党员参与和基层党组织的参与，体现的是党内民主；后者是指专家参与和群众参与，体现的是党外民主和党外智慧。

---

〔1〕 参见张文显：《习近平法治思想研究》（下），载《法制与社会发展》2016 年第 4 期。

相关党内法规中虽然规定了党员参与，但这项规定还比较概念化、抽象化，缺乏具体的配套制度或实施办法。“党内法规制度是全党意志的集中体现，其制定过程理应充分听取广大党员的意见，反映他们的利益诉求。但在目前立法实践中，受各种条件的限制，党内仍然缺乏切实保障广大党员参与党内法规制定的步骤、办法、程序和机制。”〔1〕而党内法规制定过程中有关基层党组织与普通党员参与的规定对此更是少有涉及，绝大多数党内法规制定过程中都缺乏基层党员或党组织的参与。

相关党内法规中虽然也规定了党内法规制定过程中的专家参与、群众参与和新闻舆论参与，但这些规定尚停留于概念层面。党内法规虽然调整的是党内各种关系，不调整党外关系，不会影响党外自然人和各类组织的权利义务，但由于中国共产党是我国的执政党，其管党治党的党内法规又直接关系治国理政的成败，关系中国的前途命运，关系全国人民的福祉，因此党内法规制定过程应当吸收党外专家和群众的合理参与。但由于党内法规制定主体认识的局限性，党外参与制度的抽象性且缺乏程序性规定，致使专家参与、群众参与和新闻舆论参与还停留于概念上，尚未制度化、程序化，尚未发展到操作层面。

5. 党内法规制定技术有待提高，立规的科学性程度不够

科学立规包括两个方面，一是内容上的科学性；二是制定技术

〔1〕 操申斌：《党内法规制度执行力的若干限制因素分析》，载《科学社会主义》2011 年第 2 期。

上的科学性。科学立规水平和制定技术不高是导致党内法规缺乏可操作性的两个重要原因。从内容上看，有的党内法规未尊重和体现客观规律，“制度创制时脱离实际或制度创制时纲领性与号召性的规范太多”[1]，导致党内法规制度在客观上“有法难依”。从表述上看，有的党内法规中还存在用语过于笼统、模糊甚至不规范，不够准确和细化的问题，[2]这是导致党内法规制度在客观上“有法难依”的另一个原因。从系统性上来看，有些党内法规缺乏问题上的现实针对性和与其他党规的协调性，导致执规主体执行党内法规制度时无所适从，这是导致党内法规制度在客观上“有法难依”的第三个原因。由于一些党内法规制度制定时不尊重规律、不科学表述、不注重系统协调，导致其制定质量不高，从而降低了这些党内法规制度的执行力。

（二）从规范结构上看，有的条款在法规规则的逻辑结构上不完整，有的党内法规在必要的程序性规定上存在缺失

法律法规的逻辑结构通常是由“行为模式”与“法律后果”两个部分构成。前者为行为人行为提供一种框架或模式，而后者则指明违反这些行为在法律层面需要承担的不利结果。通常，逻辑结构完整的法规规则具有明确性，能够清楚地告知人们行为的方向，更有助于人们遵守和执行这些法规。在当下，党内法规制度中则经常存在法规规则的逻辑结构不完整的问题。法规规则的逻辑结构不

---

〔1〕 石佑启、李杰：《论提高党内法规的执行力》，载《学术研究》2018年第5期。

〔2〕 参见王芳、刘长秋：《提高党内法规执行力研究》，载《观察与思考》2017年第5期。

完整表现在：规定了“禁止性”规定的行为模式，但缺乏相应的法律后果，这使得很多情况下，行为人尽管违反了禁止性规定，但不用承担相应的责任。程序是执规应当遵循的方式、方法、顺序等的总称。科学合理的程序设计是实现党内法规实体规定的必要条件，然而，由于程序规定缺失，或现有的程序规定存在碎片化、简单化和模糊化等问题，从一定程度上使党内法规制度执行受阻，影响党内法规制度执行力。

二、党内学规、守规、执规意识或能力不足

影响思想认识的因素可归为三个：既有主体自身学习能力的原因，也有相关部门宣传工作不到位的原因；既有全体党员法不责众的心理原因，也有部分领导干部权力优位的思想原因；既有对执规和执纪问责的意义缺乏正确认知的原因，又有执规中政治使命缺失的原因。

（一）学规能力不足，宣传力度不够

客观上，党员学习党规的时间有限。党员和党员领导干部大都工作繁忙，在工作之余，很少能抽出时间专门用在学习尤其是系统学习党内法规上。主观上，党员对学习党内法规的重要性和必要性认识不够，普遍缺乏主动性、积极性。学规能力上，由于党内法规的专业性太强、体系性复杂，加上党规数量庞大等因素，这决定了党员和党员领导干部学习和深入领会党规内容和实质存有一定的难度。

这三个因素影响党员和党员领导干部的学规意识。

在党内法规制度的宣传方面，存在的问题主要是：一是实质化宣传不够，党内法规的宣传在一定程度上还存在“重形式、走过场、轻实效”的消极现象，宣传不够从一定程度上影响全体党员和各级党组织守规、执规、执纪问责的意识提升，从而不利于党内法规制度执行力的提高。[1]二是针对性宣传不够，党内法规制度宣传上，如果不对接受宣传的受众党员群体进行区分，对所有党员群体均采用相同的宣传渠道、相同的宣传方式、相同的宣传内容，就起不到理想的宣传效果。三是专门化宣传不够，每部党内法规都具有自身的价值，一旦制定出来就应当得到全体党员的一体遵守，所以，每当党内法规制定出来之后，相关部门就应当进行广泛宣传。然而，事实并非如此，有些党内法规制定出来之后很长一段时间，有些党员和党员领导干部连是否有这样一部党内法规都不清楚。

（二）法不责众心理盛行，权力优位思想作祟

法不责众心理的普遍存在是造成守规意识淡薄的主要原因。法治习惯的欠缺，对正式制度的漠视，从众违规心理的存在，都削弱了制度执行对象对既有制度的认同和遵守。[2]这对广大党员的守规意识的养成造成了困难。权力优位思想作祟是党员领导干部不守规的深层原因。一些党员领导干部习惯于讲关系、按“潜规则”办事。有的党员领导干部对从严态势下的规矩约束不适应，仍然习惯于把自

〔1〕参见石佑启、李杰：《论提高党内法规的执行力》，载《学术研究》2018年第5期。

〔2〕参见麻宝斌、段易含：《再论制度执行力》，载《理论探讨》2013年第2期。

己作为特殊党员不受制度规定的约束，习惯了享受党员权利而不自觉履行义务。[1]而守规意识淡漠无疑对党内法规的执行造成了直接阻碍，使党内法规制度执行力受到制约。

（三）对执规和执纪问责的意义缺乏正确认知，政治使命感缺失

稳定、坚强、有力、可持续的执行意愿在依规治党中扮演了举足轻重的角色，[2]而执规和执纪问责的态度取决于对执规和执纪问责的意义是否有正确的认识。管党治党实践中，执规和执纪问责的态度之所以不够端正，其原因就在于政治站位不够高，没有从加强党的领导和推进党的建设的应有高度理解执规和执纪问责的意义与价值，对执行党内法规制度和执纪问责的重要意义认识不够。执规者和执纪问责主体首先考虑的不是如何严格执规，维护党内法规严肃性的问题，而是把其职责庸俗化，仅仅把执规和执纪问题看成一项普通的工作而已。有的受不良政治文化和政治生态影响，做老好人，规避执行，看领导的眼色、根据领导的喜好和关注决定是否执行、如何执行。从根本上来说，这些执规者和执纪问责者丝毫没有意识到执规和执纪问责是一项政治使命。

---

〔1〕 参见袁海晗：《提高党内法规制度的执行力》，载《红旗文稿》2017年第18期。

〔2〕 参见梁静：《全面从严治党视角下党内法规制度执行力研究》，载中国行为法学会编：《全面从严治党与法律实施——第六届法律实施论坛论文集》，人民法院出版社2017年版，第251页。

三、党内法规执行主体修为不够

执行主体的政治素质和执行能力问题主要是修为不够，容易受两种因素影响，即社会文化和政治生态。素质欠缺、不认真负责的执行主体，有可能由于缺乏执行意愿和执行能力而不愿或拖延执行制度，甚至妨碍各项制度的执行落实，导致出现制度执行不力的后果。

（一）执行主体受消极社会文化的影响

我国是一个具有五千年悠长历史的文明古国，而且还是世界上唯一一个文明历程没有间断过的文明古国。这种文明历程的久远和无间断特征，虽然承载着中华文明的博大精深，但也积淀了一些消极的历史沉渣和社会文化心理，这种消极的社会文化在党内法规制度执行中起着阻碍的作用。

一是消极传统文化的影响。部分执规主体受处世哲学的传统文化影响，执规时首先考虑的不是依规的问题，而是其他无关问题。“多栽花少种刺”、明哲保身、好人主义的处世哲学让执规者担心因执规而“得罪人”。

执规主体还受熟人文化的影响，在历史传统文化的长期积淀中形成的“熟人社会”及与之相对应的熟人文化，以地缘关系、血缘关系和业缘关系为核心，将人与人之间的亲疏远近作为根本的处事原则，编织“关系网”、建立“人脉圈”，不按党内法规制度办事，使党内法规制度最终成为“稻草人”。[1]

执规主体深受避责式文化惯性的影响。在社会现实中，一些党员干部成为党章党规党纪的“睁眼瞎”；一些党组织对违反党规党纪行为的案件不愿查、不敢查、不会查，甘做“南郭先生”“撞钟先生”“好好先生”；有的党组织和党员、干部对待党章党规党纪“有意规避”甚至“恶意规避”，长期如此就在党内逐渐形成了避责违规惯性文化。[2]

二是消极社会心理因素的影响。受消极的世界观、价值观的影响，社会上形成了一些消极的社会心理，如“多做不如少做、少做不如不做”“多做多错、少做少错、不做不错”“多做不如多讲”，受这些不良社会心理影响，有些党员领导干部和党组织宁愿“务虚多，务实少”。有法不依、有令不行、法不责众的社会心理，让执规者对经常发生在身边的违规行为习以为常，不去纠正和追究。以自我利益为中心的价值观，使执规者以执规是否有利于自己或其群体作为主要考量因素，不利的则不执行，有利的可以选择执行。权力观扭曲的执规者，是否执规、如何执规都根据或揣摩领导意思决定。

（二）执行主体受不良党内政治生态的影响

党内政治生态从一定程度上影响执行主体的政治素质和执行能

---

〔1〕 参见商植桐等:《道儒法墨思想对提升党内法规执行力的启示》，载《石家庄铁道大学学报（社会科学版）》2018年第3期。

〔2〕 参见李斌雄、廖明:《新时代中国共产党党内法规制度实施探讨》，载《马克思主义研究》2019年第10期。

力，党内政治生态良好则有利于培养和提升执行主体的政治素质和执行能力；相反，党内政治生态恶劣则不利于培养和提升执行主体的政治素质和执行能力。恶劣的党内政治生态主要表现在以下两个方面。

一是特权思想严重。我国在封建社会中形成了一些消极的特权思想文化，如君君臣臣、父父子子的等级观念和“只许州官放火、不许百姓点灯”的官本位主义。党的十八大以来，通过坚定不移反对腐败、强化理想信念教育、深入推进作风建设、规范和严肃党内政治生活，党内政治生态得到了极大改善，但仍存在一些不容忽视的问题，如受封建腐朽文化的影响，人治思想、特权思想的沉渣在党内不时泛起，少数领导干部轻视党内法规，把个人意志凌驾于党内法规之上，对党内法规制度执行力产生了十分不利的影响。[1]

二是权力傲慢偏私。现阶段，党内政治生态仍存在理想信念淡化、纪律规矩意识缺失的问题。一些党员干部中存在诸如理想信念动摇，党员意识和执政意识淡薄、战斗力不强、弄虚作假、欺上瞒下、官僚主义、形式主义等弊病。[2]有些党员干部由于权力集中、权力傲慢，进行利益寻租，心中无党规、无责任、无人民。[3]这些不良思想意识的存在和蔓延都影响了党内政治生态，对党内法规执行主体不可避免地会带来影响。

---

〔1〕 参见沈孝鹏：《党内法规执行不力：多重诱因与治理之策》，载《求实》2017 年第 8 期。

〔2〕 参见贾婷婷、周超：《新时代全面净化党内政治生态的问题》，载《天水行政学院学报》2019 年第 4 期。

〔3〕 参见石佑启、李杰：《论提高党内法规的执行力》，载《学术研究》2018 年第 5 期。

（三）执行主体政治观念严重扭曲

政治观念是思想层面上的概念，而政治素质是客观层面上的概念。政治观念与政治素质是一种相互影响关系，但通常而言，政治观念会直接左右政治素质。政治观念强则政治素质才会高，政治素质的提升要通过增强政治观念予以实现。从因果关系上看，政治观念是因，政治素质是果。

从政治实践中来看，政治素质不高是由政治观念落后造成的。有些党员干部由于政治观念扭曲、党规意识淡薄，导致工作方向不明、工作态度消极、工作作风懒散，对党内法规的应付和排斥远远超过了对党内法规的认同与接受，对党内法规执行中遇到的问题躲推，这也造成了党内法规难以贯彻与执行。〔1〕错误或落后的政治观念的形成，从根本上来说，是由于没有树立正确的价值观，理想信念缺失、党性原则不强、政治自觉缺乏。〔2〕

四、执行过程建设还存在短板

导致执行流程上的问题的原因主要是执行过程建设还存在一些短板，包括执行的价值取向尚未明确，执行的裁量基准欠缺，执行的

〔1〕 参见石佑启、李杰：《论提高党内法规的执行力》，载《学术研究》2018 年第 5 期。

〔2〕 有学者认为，苏联解体的根本原因之一，就是忽视了共产主义价值观的深层次导向，没有建立起与社会主义制度相适应的、内化到党员干部灵魂深处的意识形态、思想文化。参见刘先春、叶茂泉：《构建和培育党内法规制度执行文化的对策研究》，载《中南民族大学学报（社会科学版）》2019 年第 4 期。

程序性要求缺失。

（一）执行的价值取向尚未明确

制度执行主体的价值观、利益倾向会在一定程度上影响党内法规制度执行力，[1]然而，作为执行主体的党员、党员领导干部和各级党组织千差万别，且各自都有自我利益倾向，如果都把自己的价值观和利益倾向贯彻到执规当中，那么党内法规制度执行的效果就会无法显现，而且也无法对执行效果进行评判，因为不同的人有不同的价值观。因此，需要确立共同的党内法规制度执行的价值观，以其作为执规的价值导航和方向引领。

然而，当前的党内法规制度执行的价值取向还不是很明确，实践中存在党内法规工具主义思想。对加强党内法规制度建设，形成党内法治的观念及提升党内法规制度执行力，党内法规制度建设中的纪律主义和工具主义是主要障碍。[2]“法律工具主义观念的影响，是影响党内法规制度执行力的主要文化因素。”[3]由于把党内法规制度仅仅看作一种工具，没有认识到党内法规制度执行本身的价值，没有认识到党内法规制度执行具有实现全面从严治党的价值，没有认识到党内法规制度执行在提高治理体系和治理能力现代化中的价值，因此，对党内法规制度执行机制的问题、执行规范性的问题、执

〔1〕 参见莫勇波、张定安：《制度执行力：概念辨析及构建要素》，载《中国行政管理》2011年第11期。

〔2〕 参见周叶中：《关于中国共产党党内法规建设的思考》，载《法学论坛》2011年第4期。

〔3〕 操申斌：《党内法规制度执行力的若干限制因素分析》，载《科学社会主义》2011年第2期。

行裁量基准的问题等方面，就缺乏对之作出科学安排或优化配置的动力。

（二）执行的裁量基准欠缺

裁量基准是行政法研究的一个重要内容，实践中，国家税务总局 2012 年发布的《关于规范税务行政裁量权工作的指导意见》（国税发〔2012〕65 号）将裁量基准定义为："行政机关根据执法实际为规范行政裁量权行使而制定的具体标准，是对行政裁量权按照一定标准进行细化、量化和具体化的重要参考指标。"周佑勇教授把裁量基准定义为"行政机关根据授权法的旨意，对法定授权范围的裁量权予以情节的细化和效果的格化而事先以规则的形式设定的一种具体化的判断选择标准，其目的在于对裁量权的正当性行使形成一种法定的自我约束"[1]。

裁量基准是法治的表现，是人治的克星。在党内法规制度执行中，裁量基准的确立，可以避免执规者恣肆妄为，使执规者依规执行、严格执行、公正执行、规范执行。然而，党内法规制度的裁量基准尚未确立，影响了党内法规制度的执行，影响党内法规制度执行力。这使党内法规制度执行中还存在畸轻畸重的情况，"相同行为不同处理，不同行为同样处理"的情形时有发生，极大地制约了党内法规制度的公正性，令人们对党内法规制度自身的信用产生了怀疑，影响了依规治党的深入推进。

---

〔1〕 周佑勇：《行政裁量基准研究》，中国人民大学出版社 2015 年版，第 37 页。

(三)执规流程程序化缺失

程序正义一直是程序法最为尊崇的理念与价值。但在我国司法实践中,程序正义经常得不到应有重视和维护,当事人的程序性权利始终难以在司法过程中受到应有尊重。这种程序正义的普遍缺失,也深深地影响了党的建设,影响了作为党的建设重要组成部分的党内法规制度建设,导致依规治党实践中党内法规制度执行者对执行路径有了一定选择,以至于有学者认为"造成党内法规选择性执行的主要原因是执行过程中的透明度不高、暗箱操作、幕后运作"[1],执规过程无法做到全程程序化。程序性缺失是造成党内法规制度执行中的选择性执行的重要原因,是影响党内法规制度执行力不可忽视的重要因素。

五、党内法规制度执行保障尚存软肋

党内法规党内监督体系不健全,党外群众监督和新闻舆论监督不能充分发挥作用,执行责任制度有待落实,执纪问责压力机制尚未发挥应有的传导作用,这些都是执行保障制度问题的形成原因。

(一)执行责任意识没有从根本上得到增强

《执行责任制规定》的制定实施解决了长期以来执行责任主体不明、追责缺乏依据的问题。虽然归责问题的解决弥补了执行责任

---

〔1〕 石佑启、李杰:《论提高党内法规的执行力》,载《学术研究》2018 年第 5 期。

制度的空白，但《执行责任制规定》的落实还需要解决执行主体执行意识的问题，只有执行主体执行意识得到了增强，才能增强执行的主动性、自觉性、能动性，才能从根本上提升党内法规制度执行力。当前，执行主体的责任意识还没有增强，主要有两方面的原因。

1. 主观上缺乏对执行责任制的政治认同

我们的传统文化中，广泛存在“重权利、轻义务”思想，公权力部门也存在“重权力、轻责任”的权力观，受此影响，部分党内法规制度执行主体崇拜的是“权力至上”而责任卑位甚至虚无的价值观，在这样的价值观支配下，执行主体会把权力行使到边界，使权力最大化，甚至追求权力不受约束、不受控制。而与执行权力对等的执行责任，则被执行主体抛掷脑后。虽然《执行责任制规定》为执行主体设置了执行责任，但执行责任制还没有内化于心。对执行责任主体来说，对该法的了解还很肤浅，缺乏对执行责任制的政治认同，缺乏党性宗旨至上的政治意识，缺乏勇于承担责任的政治担当。

2. 客观上责任意识淡薄的文化惯性作祟

有关责任意识的传统文化是推行和强化执行责任制的外部环境。传统文化中，责任意识缺失，人们对有法不依、执法不严、违法不究的现象从痛心疾首到司空见惯以至于麻木不仁，你不责罚我、我不责罚你，违反责任时都能彼此相安无事，制度和责任形同虚设，我们姑且将这种把制度和责任视若无物的现象称作“责任虚置”。在“责任虚置”的社会氛围里，虽然个人应负的责任不受追究，但大家的利益遭受了损害，于是大家都成为“责任虚置”的牺牲品，同时又都是“责任虚置”的加害者。“责任虚置”在党内法规制度执行中的表现是，无视执行责任制规定，不遵守《执行责任制规定》第11条的执行要求，对待执行责任缺乏政治担当，主要是不执行、乱执行、形式化执行、官僚化执行，从而构成《执行责任制规定》第16条的责任情形。这种落后的执行文化是有惯性的，改变执行文化惯性、提高执行责任意识不可能一蹴而就。这种责任意识淡薄的执行文化惯性妨碍了执行责任制的落实。

（二）党内法规制度执行的党内监督乏力，执行效能有待提高

党内法规虽然明确了党内监督体系的构成，但党内监督体系尚未真正形成，监督制度、监督机制也还不够完善，监督结果运用不够严格，党内监督制度在实际运作上乏力，导致党内监督效果不尽理想。就法律体系构建方面而言，张文显教授认为，“法律体系的形成并不意味着法律体系内部的结构完备，更不意味着法律体系内在质量完美和切实管用”[1]。这种观点同样适用在构建党内法规党内监督体系上。虽然党内法规提出了党内监督体系的构成，但还没有形成党内监督体系，更不用说党内监督体系内部的结构完备、监督制度完美和切实管用。

具体而言，党内监督上的问题成因主要是：监督主体不明确，或缺少党内法规制度执行的督查机构和专职人员；监督制度不健全，监督机制不科学，没有客观的评价标准，也缺少对监督结果的运用；

[1] 张文显：《习近平法治思想研究》（上），载《法制与社会发展》2016年第2期。

监督方式单一，平级监督和自下而上的监督成效甚微，特别是对“一把手”的监督方式乏善可陈；监督阶段不完整，对党内法规制度执行的事前监督预防机制不健全，很多监督检查基本都是办理违规违纪案件，常态化、制度化的事前监督预防机制尚不健全；〔1〕党内监督的信息传递方式呈现从中央到地方再到基层和从基层到地方再到中央的线性特征，这使监督信息难以通过其他渠道得到印证，容易导致信息传递过程中的扭曲和失真；〔2〕对市县的巡察制度尚未全覆盖，对市县的巡察制度尚未如巡视制度那样发挥应有的作用；对监督发现问题的纠正和整改刚性约束不足，发现问题、纠正偏差的机制尚未完全建立。〔3〕

（三）群众监督缺乏合力，新闻监督没摆正位置，民主党派监督主动归隐

马克思主义哲学认为，内因是事物发展的根本原因，但外因则是事物发展的影响因素。当前，党内监督体系建立了自上而下的高压监督、自下而上的民主监督、横向的多元化主体监督，虽然这样的纵横交错的党内监督体系比较完备，对党自我净化、自我完善、自我革新、自我提高具有重要的现实意义，对提高党内法规制度执行力具有重要的保障作用。但是，他律性的党外监

---

〔1〕 参见王芳、刘长秋：《提高党内法规执行力研究》，载《观察与思考》2017年第5期。

〔2〕 参见蒙慧、李伟：《党内法规执行资源问题研究》，载《学术探索》2017年第1期。

〔3〕 参见李斌雄、张银霞：《中国共产党强化党内监督的新形势新理念新法规》，载《政策》2017年第1期。

督对提升党内法规制度执行力具有党内监督不可替代的意义和作用。

就新闻监督而言，新闻监督本是新闻媒体针对执行主体的违法违纪或失职失责行为，通过报道进行曝光和揭露，以达到对其进行制约的目的。新闻监督一般也称作“新闻舆论监督”或“舆论监督”，原因就在于新闻监督是依靠新闻报道形成社会舆论，从而形成社会压力，迫使执行主体主动纠正错误行为，或为执纪问责主体提供惩戒线索。然而，新闻媒体在党内法规执行监督问题上的主动性和能动性不足，表现为群众监督形成舆论后新闻媒体才最后跟进，从而成为引发执纪问责的最后“一根稻草”。新闻媒体没有起到通过舆论监督约束和预防不法行为发生的作用，其作用仅是“落井下石”，这偏离了新闻监督的主要目的。新闻监督的主要作用是通过监督预防或减少不法行为发生，而不是躲在执行主体背后等到处罚发生时再把腐败行为曝光。从执行主体和执纪问责主体角度来看，有的党员领导干部和党组织对新闻监督不够重视，有的甚至对新闻监督持敌视态度，在工作中千方百计为舆论监督设置重重障碍，甚至打击报复，这也是新闻监督不敢主动而为的一个重要原因。

就民主党派监督而言，政协的监督取代了民主党派的监督，民主党派也忘却了自己具有监督的主体地位和价值，在党内法规制度执行方面，民主党派已把自己看成社会群众监督的一分子，没有充分发挥不同于一般群众监督的独特监督功能和作用，甚至存在监督缺失的现象。

(四)执纪问责压力传导机制没有充分发挥作用

执行责任制和执纪问责制度是党内法规制度中的压力传导机制，是确保党内法规制度执行的重要保障。自觉守规和执规是一种理想状态，需要依赖主体的高度自觉，如果能够实现当然是好事，如果能够实现也就不需要借助他律型的、具有强制力的责任制度和责任追究制度予以保障。现实中，自觉守规和执规还不尽如人意，还需要靠强制力保障实施。责任制度和责任追究制度是党内法规制度执行的强制因素，是保障党内法规制度执行的压力传导机制。如果这种压力传导机制运行得好，可以反过来有效地促进全体党员和各级党组织主动地、自觉地守规和执规，从而提高党内法规制度执行力。

虽然执纪问责制度相较责任制度已比较完善，但执纪问责的压力传导机制依然没有充分发挥作用。主要原因有：一些执纪问责主体还有懒政思想存在，对监督举报线索有时充耳不闻，不到问题严重到形成负面社会舆论时不采取任何措施；一些执纪问责主体还缺乏系统性、科学性开展执纪问责工作的能力，对执行责任制的要求和执纪问责原则缺乏深入领会、精准施策，对执规主体重惩戒轻教育，小的问题出现时听之任之，致使小问题演化成大腐败，然后惩处了之，没有起到“惩前毖后、治病救人”的效果；一些执纪问责主体对形式主义和官僚主义行为采取形式主义的措施和对待，不能有效解决问题顽疾，致使形式主义和官僚主义愈演愈烈，甚至成为党内法规制度执行的“重灾区”。

第四章　强化党内法规制度执行力问题的对策

中国共产党的初心是为中国人民谋幸福，而其使命则是为中华民族谋复兴。作为中国工人阶级的先锋队同时也是中国人民和中华民族的先锋队，中国共产党必须要不忘初心、牢记使命。“不忘初心、牢记使命，必须以正视问题的勇气和刀刃向内的自觉不断推进党的自我革命。”[1]在中国共产党作为中国特色社会主义事业领导核心地位不仅在事实上不容置疑和否认，而且在宪法和诸多法律以及党章中被明确确认的情况下，强化党内法规制度执行力建设的意义自不待言。“党规如果不落实、不执行，将变成一纸空文，不仅不能产生应有的作用，反而会损害党的公信力。”[2]正如前面我们所指出并分析的，目前党内法规制度执行力建设还存在诸多问题，亟须在实践中采取相应的对策加以解决。通过对党内法规制度执行力问题的梳理及对问题成因的分析，我们认为，党内法规作为一种中国特有的制度现象，是为解决中国问题而出现并存在的，而其制度执行

---

〔1〕 中共中央党史和文献研究院编：《习近平关于全面从严治党论述摘编（2021 年版）》，中央文献出版社 2021 年版，第 47 页。

〔2〕 柯华庆主编：《党规学（党员干部版）》，人民出版社 2020 年版，第 161 页。

力在实践中所显现出的诸种问题也都是中国社会特有的、需要用中国方案去解决的问题。基于此，要从根本上解决目前党内法规制度执行力的各种问题，必须以着眼于中国特色社会主义实践的习近平新时代中国特色社会主义思想为指导，需要从加强党内法规制度建设、增强对党规的认同、改善党内法规制度执行的社会文化和政治生态、确保党内法规制度执行流程规范化以及建立健全党内法规制度执行的保障制度五个方面入手。

第一节 加强党内法规制度建设

立法是执法的前提，党内法规制定是党内法规执行的基础。党内法规执行力问题要得到改善首先需要确保党内法规制定的质量，在党内法规制定质量上做文章。因此，提升党内法规制定质量，增强党内法规制度的科学性、系统性、适应性，是提高党内法规制度执行力的规范前提。健全党内法规，完善党内法规体系，才能提升党内法规制度执行力，提高党的执政能力，建设法治中国。[1]提高党内法规制度制定质量，要重视党内法规体系建设，抓好制定流程管理，完善制定机制，贯彻科学立规、民主立规理念。

---

〔1〕 参见姜明安:《健全党内法规才能更好执政》，载《人民日报》2013年11月29日，第5版。

一、做到两个“并重”

两个“并重”，即党内法规三大体系建设“并重”，实体制度与程序制度“并重”。即使党内法规制度体系已经十分完善，但如果没有与之相适应的高效的党内法规制度实施体系和有力的党内法规制度建设保障体系，那么可以肯定的是，党内法规制度将永远停留于“看起来很美”的纸上概念，守规、执规、执纪问责都只会是一句信誓旦旦的口号。因此，党内法规制度建设上，不仅要重视党内法规制度体系的构建，而且还要重视同步构建党内法规制度实施体系和党内法规制度建设保障体系。通过不懈努力，构建出体系完善、系统完备、整体协调、运行通畅、可操作性强的党内法规体系。

在党内法规制度实施体系构建方面，特别要重视实施机制和实施方法等程序性制度。好的实施机制和实施方法是达到理想的实施效果的重要制度安排。

在党内法规制度建设保障体系构建方面，加强党内法规监督检查制度和巡视制度建设。责任制度和执纪问责制度是党内法规制度的“牙齿”，其固然重要，在如何发现违反党规责任并应当受到纪律处分（或纪律处理）、应当被问责的行为问题上，程序性的制度安排必不可少。监督检查制度和巡视制度应成为发现违纪和失职失责问题的重要制度安排。无论哪种保障制度都不能成为巡视主体干涉被巡视单位的幌子，同时，监督检查主体和巡视主体在发现问题后，也要根据被发现问题的具体情况依法依程序进行处理，须将案件移送到有权处理机关或部门，而不能越组代庖或违反程序乱处理。相关党内法规应对监督检查和巡视的原则和内容作出规定，监督检查主体和巡视主体应在实践中不断总结监督检查和巡视的机制、形式、方法等。

在程序性制度建设方面，把程序制度提高到与实体制度并重的地位。正义不仅要实现，还要以看得见的方式实现，而程序性制度正是实现党内法规实体正义、提升党内法规制度执行力“看得见的方式”。程序性制度不仅有利于实现实体正义，其本身还具有重要的价值意义，程序对执规者是一种义务，但对应的是，对执规对象和执纪问责对象来说，它则是一种权利。程序先于权利，没有程序则权利无以保障。提高党内法规制度执行力意在惩戒各种违反党规责任和义务的行为，而维护合规的各项党内权利，也包括程序性权利。如果程序性制度不健全或执规不规范，会影响党内法规的执行效果，影响党内法规制度执行力。基于程序性制度对实现党内法规实体正义的重要性，对执规对象和执纪问责对象的重要性，对提高党内法规制度执行力的重要性，当制定党规时，应加强党内法规程序性制度建设，做到程序规范和实体规范并重；当执行党规时，应严格遵守程序性规定，规范执规和执纪问责，不得侵犯程序性权利。

二、完善党内法规制定质量保障体系

党内法规制度建设是一个复杂的系统工程。从系统论视角，需完善党内法规立项阶段、起草阶段、备案审批阶段和评估清理阶段四个阶段的制度，每个阶段自成一个小系统，四个阶段形成一个大系统。每个小系统内部的各项制度间应形成一个互相联系、互相制约、互相促进的生态体系。四个小系统组成一个大系统,形成一个互相联系、互相制约、互相促进的大的生态体系。只有制度生态达到完美的平衡,才可以有力地提高党内法规制定质量。

为了提升党内法规的制定质量,不仅要重视党内法规制定过程中每个阶段的制度构建,还要抓好每一阶段的制度落实。不仅要重视起草阶段的制度落实,也要重视立项阶段、备案审批阶段和实施后的评估和清理阶段的制度落实。抓好立项阶段的工作,要使"管党治党、治国理政"急需的党内法规列入制定议程。

做好备案审批工作,激活备案审批制度。在纵向上,避免党内法规同宪法和国家法律不一致,同党章和上位党内法规相抵触。在横向上,避免与其他同位党内法规和规范性文件对同一事项的规定相冲突,解决与同位阶的其他党内法规和规范性文件对同一事项的协调问题。在内容上,避免规定的内容明显不当,保持和提升党内法规的合理性和现实适应性。在权限和程序上,避免超越制定权限立规,避免违反法定程序立规。

三、不断完善并创新科学的党内法规制定机制

规划阶段,建立党内法规立项科学论证制度,使立项工作机制制度化、规范化、程序化,从而做到应当立项的党内法规尽可能立项,不成熟的暂不立项。科学立项或科学订立党内法规立法规划需坚持三个原则:第一,合法性原则;第二,可行性原则;第三,科学性

原则。[1]

起草阶段，构建党内法规起草责任主体和起草实施主体制度相分离的制度，积极吸纳党内法规专家学者参与到党内法规起草工作中来，一来可以充分发挥专家学者的专业化能力和水平；二来专家学者具有主体和利益上的中立性，可以避免立规主体通过立规为本部门争取利益。

实施后的清理评估阶段，一是建立党内法规的集中清理、定期清理和专项清理机制。党内法规清理要遵循一些原则，要以党章为基本遵循，严格遵守宪法、法律，从体系、内容上进行审查、分析和整理，审查党内法规的合法性、合理性、适应性、冲突性、协调性等问题。通过对党内法规的清理，及时发现问题，并分别作出修改和废止等决定。对那些落后的、不合时宜的党内法规制度条款进行修改，对整体上已经过时的党内法规制度及时废止。

二是创新评估机制，完善评估结果应用。做好评估工作，要使党内法规评估工作制度化、规范化和经常化。《执行责任制规定》第15条对党内法规的评估作出了原则性的制度规定，一是明确了评估的法定主体或责任主体即党内法规制定机关；二是明确了五方面的评估范围；三是明确了两种评估方式即专项评估和“一揽子”评估。这些规定对今后开展评估工作和创新评估机制确立了依据。

第一，制定《中国共产党党内法规评估办法》。为了使评估工作

---

〔1〕 参见王建芹、农云贵:《科学构建党内法规制度体系的三条进路》，载《中共天津市委党校学报》2017年第6期。

制度化、规范化，增强评估结果的可信度，提升评估结果的应用性，笔者建议吸收地方党内法规评估规则的成熟做法和实践经验，适时制定《中国共产党党内法规评估办法》，建立健全党内法规评估制度，明确评估指导思想、评估原则、评估范围、评估内容、评估机制、评估标准、评估方式、评估方法、评估程序、评估结果应用等，构建科学的党内法规评估制度体系。

第二，实行评估责任主体和评估实施主体相分离的制度。党内法规规定的评估主体是责任主体，这是赋予评估责任主体的法定义务，评估责任主体可以自己评估，也可以委托第三方社会评估，也就是说，评估责任主体制度的确立，丝毫不影响在实际评估工作中委托第三方评估。换句话说，党内法规确定了评估主体，但具体的评估机制是可以创新的，评估法定主体可以自主构建科学的、中立的第三方社会评估机制，使党内法规专家学者参与到评估工作中，形成制定主体的有权评估和第三方社会评估相结合的评估机制。

第三，强化评估结果应用性。根据评估报告，对那些与实践不相适应的党内法规或条款，适时进行修订和废止，保持党内法规的与时俱进品格，提升党内法规的科学性，从而为提高党内法规制度执行力提供规范基础。

四、科学立规

党内法规是中国特色社会主义法治体系组成部分，是党内具有法律性质的规范。[1]党内法规的制定和实施有自身的特殊要求，但显然也要遵循法的一般要求，而科学立法则是当代立法必须遵循的一项基本要求。习近平总书记指出，科学立法的核心在于尊重和体现客观规律。[2]科学立法必然要求作为法的党内法规科学立规，而科学立规，首先要尊重和体现客观规律。学者也认为，是否符合客观规律是党内法规制度质量的衡量标准之一。[3]制定党内法规制度也要尊重和体现客观规律，尊重“管党治党、治国理政”的客观规律。科学立规的核心在于制定党内法规要尊重和体现党的制度建设规律，妥善处理数量与质量、前瞻性与现实性等关系，确保党内法规适应党的建设和党的工作需要，经得起实践和历史的考验。[4]

科学立规，还要提升党内法规制度的针对性。要坚持问题导向，切实提高党内法规的针对性、及时性、系统性、协调性，增强党内法规的可执行性和可操作性，使每一部党内法规都切实管用。[5]

科学立规，还要不断改进党内法规制度制定技术。在形式上，应严格按照于法周延、于事简便的原则，提高党内法规制定水平，做到内容翔实、措施管用，逻辑严密、表述准确，文字精练、格式规范，使制定出的党内法规更具有现实针对性和具体可行性，使党内法规

---

〔1〕 参见刘长秋：《论党内法规的含义及其制度建设的要求》，载《探索》2019年第3期。

〔2〕 参见习近平：《论坚持全面依法治国》，中央文献出版社2020年版，第95页。

〔3〕 参见秦前红、庞慧洁：《地方党内法规制定质量研究——以制定程序为中心的考察》，载《河南师范大学学报（哲学社会科学版）》2020年第1期。

〔4〕 参见中共天津市委党校课题组、钟龙彪：《提高党内法规制定质量和执行力》，载《求知》2015年第5期。

〔5〕 参见张文显：《习近平法治思想研究》（下），载《法制与社会发展》2016年第4期。

真正成为“活法”，从而提高党内法规制度的执行力。[1]在内容上，“党内法规的内容不应存在制度模块上的空白以及具体规范上的漏洞，应实现原则性规范与具体性规范、实体性规范与程序性规范、主体性规范与配套性规范、倡导性规范与惩戒性规范的均衡布局”[2]。在法规规则的逻辑结构上，应借鉴法律规则的逻辑结构，法规规则的逻辑结构也应当由三部分构成，即假定条件、行为模式和法规后果，对于禁止性条款务必要明确规定其法规后果。在体系上，提高制定技术，解决党内法规之间的相抵触、不一致、相冲突问题，形成党内法规体系的内在协调。

五、民主立规

民主立法从而民主立规，是党的建设在党内法规制定方面的宝贵经验。[3]党内法规制定需要贯彻民主立规理念，这是发扬党内民主的一个重要方面。“党内民主不仅需要党内树立起民主的观念、民主的作风，而且需要通过党内法规建立起民主的制度。”[4]民主立规理念的实现可以通过建立参与制度予以体现。党内法规制定首先要贯彻党内民主参与，即党员和基层党组织的参与，“党内法规的制定过

---

〔1〕 参见石佑启、李杰：《论提高党内法规的执行力》，载《学术研究》2018 年第 5 期。

〔2〕 王建芹、农云贵：《科学构建党内法规制度体系的三条进路》，载《中共天津市委党校学报》2017 年第 6 期。

〔3〕 参见孙大雄、张立波：《改革开放以来党内法规建设的基本经验——以党内条例制定和修改为例》，载《中国井冈山干部学院学报》2020 年第 1 期。

〔4〕 周叶中：《关于中国共产党党内法规建设的思考》，载《法学论坛》2011 年第 4 期。

程应向基层党组织和普通党员开放，以提高党内法规的民主性”〔1〕。“在党内法规建设过程中，理应建立基层党组织和普通党员的参与机制、党内法规制定过程的信息公开机制以及党内法规的民主表决机制，以充分吸收基层党组织和普通党员参与到党内法规的制定过程中来，从而不断提高党内法规的民主性，使党内法规在党内具有更加充分的民主基础。”〔2〕就党员参与立规的机制而言，章志远分别从过程民主、形式民主和实质民主角度提出了必须遵循的三项基本原则，即全程参与、有序参与和有效参与原则。〔3〕我们认为，这些原则值得认真参考。

党内法规制定过程中，除了贯彻党内民主参与、使党员尽可能多地参与到党内法规制定过程中、广泛听取党内意见和建议之外，还要吸收党外民主和党外智慧，建立和完善党外的群众参与和专家参与制度，充分发挥党外群众和专家在党内法规制定乃至实施和评估过程的决策咨询作用，借力完善党内法规制度和规则设计，最大限度地确保党内法规制度建设的质量。

从理论上来说，强化党内法规制度制定中的参与制度，一方面可以提高党内法规制度的现实适应性和执行中的可操作性，确保其质量；另一方面可以更加充分反映全党的意志和绝大多数党员的利益，奠定党内法规制度执行的合法性基础，增强党内法规制度执行力。

---

〔1〕周叶中：《关于中国共产党党内法规建设的思考》，载《法学论坛》2011年第4期。

〔2〕周叶中：《关于中国共产党党内法规建设的思考》，载《法学论坛》2011年第4期。

〔3〕参见章志远：《论党内法规制定中的党员参与》，载《廉政文化研究》2019年第4期。

在党内法规制定的各个环节，应强化党员参与、基层党组织参与的党内参与制度和专家参与、群众参与的党外参与制度。立项阶段、起草阶段、备案审批阶段和清理评估阶段，在不违反保密制度的前提下，都应当不同程度地引入参与制度。

创新党内法规制定过程中的参与方式，通过座谈、评估、公布法律草案等扩大党内和党外有序参与立规的途径，通过询问、特定问题调查、备案审查等广泛听取各方面意见和建议。[1]

第二节　增强对党规的认同

思想建党和制度治党相结合是中国共产党总结政党治理的一条重要经验，这条经验也被写入《中共中央关于加强党内法规制度建设的意见》中。“思想建党”的成功经验告诉我们：加强思想建设，提高党员、党员领导干部和各级党组织对党内法规制度执行的重要性的思想认识，是提高党内法规制度执行力的思想保证。通过影响执行者的意识心态，把党内法规制度刚性约束变成执行者自觉行动、实践结果的一种认同文化，是提高党内法规制度执行力的思想基础。[2]

---

〔1〕 参见张文显：《习近平法治思想研究》（下），载《法制与社会发展》2016年第4期。

〔2〕 参见刘先春、叶茂泉：《构建和培育党内法规制度执行文化的对策研究》，载《中南民族大学学报（人文社会科学版）》2015年第4期。

一、强化学习宣传，增强党内法规认同

首先，加强党员、党员领导干部和各级党组织的学规意识。“加强学习是党员、干部自觉执行党内法规的基础与前提，学深才能悟透，悟透才能内化于心、外化于行。”〔1〕因此，要提高学习党内法规的自觉性和主动性，要把学习党规提高到思想建党的高度，要把学习党规同保持党的先进性和纯洁性联系在一起，要充分发挥党员领导干部在学习党内法规中的模范带头作用。

其次，丰富党内法规的学习和宣传方式。学习方式上，可以利用传统的线下学习方式，贯彻个人学习和集体学习相结合的原则；也可以利用新媒体的线上学习方式，如“学习强国”平台、微信公众号、微博等。公开范围上，遵循“公开是原则，不公开是例外”的要求，在党内法规实施前，通过有效渠道依法公开，以便党员和党组织及时了解、学习、掌握党内法规的内容。宣传方式上，一是做到有效的公开。对不具有保密性质或其他不适宜公开的党内法规，务必通过有效的能为普通党员所了解的方式进行公开，以便党员随时学习；对每一部党内法规，尤其是影响党员或党组织权利（权力）义务的党内法规，一定要通过有效方式宣传到党员或党组织。二是做到广泛的宣传。有学者认为，广泛宣传是新时代提高党内法规制度执行力的进路之一。〔2〕三是做到有针对性的宣传。党内法规制度宣传上，应

---

〔1〕 陈永胜：《进一步提高党内法规执行力》，载《通辽日报》2017 年 4 月 7 日，第 3 版。

〔2〕 参见罗星：《中国共产党党内法规执行状况与经验启示》，载《学术探索》2019 年第 11 期。

针对不同的党员群体采用不同的宣传方式、不同的宣传内容，如对普通党员主要是宣传守规问题，对党员领导干部则要宣传执行责任制、执纪问责的主要内容。四是做到精准的解读。党内法规的专业性、复杂性决定了党内法规的宣传不能是简单的条文罗列，需要的是对条文的精准解读。党员、党员领导干部和各级党组织只有掌握了党内法规的精神要义，才能依法守规、执规、执纪问责。鉴于此，有学者认为，新时代党内法规的传播或宣传策略应由强调实施向强化解读转变。[1]

最后，增强对党内法规的政治认同。通过学习宣传活动，使党员、党员领导干部和各级党组织坚定正确的政治信仰，强化对党内法规的政治认同，使尊规、执规、守规、用规成为基本的政治修养，成为自身政治生命中不可或缺的组成部分，增强守规、执规的主动性、自觉性。

二、提高守规意识，创造主动守规氛围

首先，要把守规当成是党员的一项政治义务认真对待。守规是党内法规确定的党员、党员领导干部和各级党组织必须履行的义务，因此，确立正确的守规意识是一名合格党员应具备的基本条件和要求。对此，《执行责任制规定》第 2 条予以明确规定："各级党组织和全体党员负有遵守党内法规、维护党内法规权威的义务。"

---

〔1〕 参见禹竹蕊：《新时代党内法规的传播策略》，载《山西师范大学学报（社会科学版）》2019 年第 2 期。

其次，提高所有守规主体的守规意识。党员、党员领导干部和各级党组织都是守规主体，都负有遵守党内法规的义务，在守规问题上没有例外的人、例外的事、例外的情况。因此，应“提升全体党员自觉守规的意识”〔1〕，“树立党员干部带头守规的风尚”〔2〕，塑造党员领导干部和各级党组织模范守规的榜样。发挥党员领导干部在遵守和执行党内法规中强大的示范作用，强化党员干部的守规意识，树立党内法规面前无特权、党内法规约束没例外的意识，正确引导各级党员干部自觉用党内法规约束自己的行为，自觉维护党内法规的权威性。〔3〕

最后，创造全党主动守规的良好氛围。在思想认识层面上，全体党员和各级党组织务必形成对守规的高度认知和良好遵守，做到知行合一。全体党员和各级党组织应当认识到，守规是对党内法规严肃性和权威性在态度上的认可和在能动性上的维护，是在主观思想上和客观现实上对党内法规的一致认同。

三、深刻认识执规的意义，树立科学执规理念

只有正确认识执行党内法规制度的重要意义，端正执规态度，树立科学的执规理念，才能不断提高党内法规制度执行力，确保党内法规制度严格执行。执行党内法规制度具有重要的理论和实践

---

〔1〕 石佑启、李杰：《论提高党内法规的执行力》，载《学术研究》2018年第5期。
〔2〕 石佑启、李杰：《论提高党内法规的执行力》，载《学术研究》2018年第5期。
〔3〕 参见王芳、刘长秋：《提高党内法规执行力研究》，载《观察与思考》2017年第5期。

意义。

首先，执行党内法规制度是履行政治义务的需要。党内法规的第一属性是政治性，法律规范性是第二属性。因此，执行党内法规制度就是在履行自己的政治责任。执规的政治责任性在《执行责任制规定》第 2 条予以了宣告："各级党组织和党员领导干部必须增强'四个意识'、坚定'四个自信'、做到'两个维护'，牢固树立执规是本职、执规不力是失职的理念，切实担负起执行党内法规的政治责任。"

其次，执行党内法规制度是实现党内法规的生命力的需要。习近平总书记指出，制度的生命力在于执行。[1]党内法规制度如果不付诸执行，就丧失了存在的价值，就会成为无生命力的"行尸走肉"。制度的规范、约束、引领及激励等功能作用最终只有通过执规的实践才能发挥出来并得到检验。[2]依法严格公正执行党内法规，不断提升党内法规制度的执行力，有利于制度治党的全面性、从严性和根本性要求的实现；有利于凝聚全党意志，使党的路线、方针和政策得到贯彻落实；有利于推进党的建设制度化、规范化、程序化；有利于推进党的依法执政和加快建设社会主义法治国家。[3]因此，要正确认识执行党内法规制度的重要意义，端正执规态度，才能不断提高党内法规制度执行力。

---

〔1〕参见张文显：《习近平法治思想研究》（上），载《法制与社会发展》2016 年第 2 期。

〔2〕参见谢忠平：《提高党内法规制度执行力》，载《中共天津市委党校学报》2019 年第 3 期。

〔3〕参见周叶中：《关于中国共产党党内法规建设的思考》，载《法学论坛》2011 年第 4 期。

最后，执行党内法规制度是全面从严治党的需要。全面从严治党，关键在全面执行党内法规制度。习近平总书记指出，“没有健全的制度，权力没有关进制度的笼子里，腐败现象就控制不住”。[1]“有规定就要执行，否则就会成为‘稻草人’”。[2]执行党内法规制度，是党自我净化、自我完善、自我革新、自我提高的制度建设的重要内容，通过党内法规制度的执行，使党内法规制度的严肃性和权威性得到维护，从而实现党内法规制度管党治党、全面从严治党的作用，保持和发展党的先进性和纯洁性。

四、提高纪检机关的执纪问责意识，增强执纪问责的政治使命

执纪问责是维护党内法规制度严肃性和权威性的重要抓手，是提高党内法规制度执行力的重要制度保障。

提高执纪问责意识主要从以下几方面入手：执纪问责是维护党内法规制度严肃性和权威性的重要抓手，是提高党内法规制度执行力的重要制度保障，是落实全面从严治党战略部署的内在要求。只有切实提高纪检机关的执纪问责意识，增强执纪问责的政治使命，才能从根本上增强执纪问责主体的政治意识，提升党内法规制度执

〔1〕 中共中央党史和文献研究院编：《习近平关于全面从严治党论述摘编（2021 年版）》，中央文献出版社 2021 年版，第 432 页。

〔2〕 中共中央党史和文献研究院编：《习近平关于全面从严治党论述摘编（2021 年版）》，中央文献出版社 2021 年版，第 433 页。

行力。

一是增强制度权威性意识。在法治成为治理体系和治理能力现代化的重要指标并在实践中不断被强化的条件下，执纪问责理应将法治理念贯彻始终，执纪问责主体理应不断强化法治意识。根据法治的要求，执纪问责时，应当坚持党内法规制度至上的原则，即党员、党员领导干部和各级党组织应树立法治意识，运用法治思维和法治方式执纪问责，破除人治思维和人治方式，严格依规依纪执纪问责。党内法规制度至上，其内在包含了宪法法律至上，也就是说，执纪问责除按照党内法规的规定外，还不能违反宪法、法律，必须在宪法、法律范围内活动。

《中国共产党问责条例》第3条规定了党的问责工作应当坚持的原则之一就是依规依纪问责。《中国共产党纪律处分条例》虽然没有把依规依纪作为党的纪律处分应坚持的原则，但并不意味着可以不坚持法治原则，因为法治已成为共识，而且法治理念已融入条款当中。基于法治的考量，应不断加强执纪问责主体的理想信念和法治教育，强化法治意识在执纪问责中的作用和价值，提升执纪问责能力和水平。

二是增强制度面前人人平等意识。平等不仅是个法律概念，而且是个政治概念。在执纪问责问题上坚持平等原则，不仅是借鉴和贯彻法律面前人人平等思想、突出和强调法律公平以及制度公平的需要，而且是建设现代政治文明的需要，也是推动管党治党的治理能力现代化的表现。

为贯彻党规面前人人平等原则，《中国共产党纪律处分条例》第

4条规定了党的纪律处分工作应坚持“党纪面前一律平等”的原则，《中国共产党问责条例》把该原则融入具体条款当中，如规定在问责对象上，包括从地方基层到中央的所有党员领导干部和各级党组织，重点是主要负责人；在责任范围上，对所有责任主体“一网打尽”，有主体责任、监督责任和领导责任；在责任种类上，对党员领导干部的问责无一例外地涵盖了大小所有领导干部，其责任形式有全面领导责任、主要领导责任和重要领导责任。

提高执纪问责意识，贯彻“党纪面前一律平等”的原则，要求执纪问责主体不断提高法治意识，学会运用法治思维和法治方式思考问题、解决问题，对所有党员领导干部和各级党组织，只要其违反党纪或者失职失责，无论其职位高低，一律依规依纪进行纪律处分和问责。

三是增强防微杜渐意识。党内法规制度既是约束行为的“紧箍咒”，也是保护干部的“护身符”。要通过经常性的反面警示教育和正面典型教育，引导党员干部自觉用制度管权管事管人，一切按制度程序办事，纠正钻制度漏洞、“打擦边球”等错误思想，减少权力运行的随意性。〔1〕一边是对苗头性、倾向性问题绝不放过，另一边是坚持动辄则咎、一寸不让，该组织处理就组织处理，该纪律处分就纪律处分，该移送司法机关就及时移送。〔2〕这样才能防止“蚁穴溃堤”。

四是增强政治使命意识。执纪问责不是一项普通的工作，从事

---

〔1〕 参见袁海晗：《提高党内法规制度的执行力》，载《红旗文稿》2017年第18期。

〔2〕 参见白广磊：《发挥制度在管党治党中的利器作用》，载前线网2020年9月15日，http://www.bjqx.org.cn/qxweb/n259383c712.aspx。

执纪问责的党员、党员领导干部和各级党组织务必把执纪问责当成一项神圣的工作，要把执纪问责当成一项政治使命，因为执纪问责事关党内法规制度执行力的提升，事关党内法规制度权威和尊严的维护，事关中国共产党先进性和纯洁性的保持和发展，事关中国共产党长期执政的伟大事业。

第三节　改善党内法规制度执行的社会文化和政治生态

提高党内法规制度执行力，首先“要明确党内法规执行主体。对每一部党内法规，均应明确各级党组织的实施责任，确定具体的执行机构，确保每一部党内法规都有专门机构、专门人员负责监督落实”〔1〕。提高党内法规制度执行力，在明确党内法规制度执行主体的基础上，重构健康的社会文化心理，不断改善政治生态，提高党内法规制度执行主体的执行能力。

一、重构健康的社会文化心理，净化社会文化环境

我国在构建人类命运共同体的语境下提出了文化自信和社会主义核心价值观，并提出在推进治理体系和治理能力现代化过程中加强和践行社会主义核心价值观，培育和提升文化自信。那么，培养

〔1〕 陈一远、肖金明:《加强党内法规制度建设　推动全面从严治党向纵深发展》，载《光明日报》2018年10月29日，第5版。

和提升党内法规制度执行主体的执行能力时，应着重强调优秀的传统文化教育和社会主义核心价值观的融会贯通，批判、摒弃传统文化的糟粕。

一方面，要对那些崇尚潜规则之类的不健康的社会文化心理支配下的执规行为依规进行严厉惩戒，对那些不担当、不作为、乱作为的违纪者和失职失责者及时予以执纪问责，通过惩戒教育全体党员和各级党组织敢于担当，敢于严格公正规范执规。另一方面，加强社会主义核心价值观教育，使执行主体牢固树立平等、公正、法治等价值观，培育或重新构建健康的社会文化心理，形成敢于担当以及严格、公正、规范执规的良好社会文化和执规心理。

二、发展健康的党内政治文化，建设风清气正的政治生态

建设风清气正的政治生态，是党实现自我净化、自我完善、自我革新、自我提高的内在要求、重要内容和实现方式。《中共中央关于坚持和完善中国特色社会主义制度　推进国家治理体系和治理能力现代化若干重大问题的决定》指出，“规范党内政治生活，严明政治纪律和政治规矩，发展积极健康的党内政治文化，全面净化党内政治生态”，只有这样，才能保持和发展“山清水秀”的政治生态，从根本上纠治形式主义、官僚主义等腐朽政治思想，不断增强党的创造力、凝聚力、战斗力，保持党的先进性和纯洁性，从而不断提升执行主体的执行能力。在党的政治生态系统中，其生命系统由党内法规制度系统构成，环境系统是党内法规制度赖以生存的社会生态环境，

党内法规制度根据其所处的社会生态环境的特点和变化进行调整和发展，从而达到中国政治制度的生态平衡。[1]为此，应不断加强制度治党和社会生态环境的提升，从政治生活、政治纪律和政治规矩、党内政治文化等各角度、各方面、各环节实现党内政治生态的全面优化。

(一)改善和净化党内政治生态必须严肃和规范党内政治生活

严肃和规范党内政治生活是净化党内政治生态、增强领导干部政治素质、培育社会主义核心价值观的重要路径。党的十八届六中全会对规范党内政治生活作出具体部署，在《关于新形势下党内政治生活的若干准则》中，从理想信念、政治纪律、干部选拔等十二个方面对规范党内政治生活作了具体要求。今后，要按照该准则的规定，使党内政治生活真正严肃起来，为构建“山清水秀”的政治生态打下坚实基础。[2]规范党内政治生活的目的是，提高领导干部特别是高级领导干部的政治素养、增强“四个意识”、严肃党的政治纪律，使领导干部牢固树立公仆意识、用好手中公权力。[3]规范党内政治生活应当借鉴历史的经验，即“政治自觉的反观是严肃党内政治生活的思想基

---

〔1〕 参见姜裕富:《政治生态学视角下党的制度执行力研究》，载《广西社会科学》2013年第11期。

〔2〕 参见沈孝鹏:《党内法规执行不力：多重诱因与治理之策》，载《求实》2017年第8期。

〔3〕 王勇教授认为，《关于新形势下党内政治生活的若干准则》的要求和作用是，“要求提高领导干部特别是高级领导干部的政治素养、增强四个意识、严肃党的政治纪律等，对于牢固树立公仆意识，用好手中公权力，以及深化反腐都有重大作用”。参见王勇:《加强党的政治建设的重要党内法规——〈关于新形势下党内政治生活的若干准则〉论析》，载《治理现代化研究》2018年第5期。

础；基本路线的坚持是严肃党内政治生活的方向保证；政治纪律的强化是严肃党内政治生活的运行要求；科学制度的供给是严肃党内政治生活的制度保障；宗旨意识的唤起是严肃党内政治生活的强大动力”[1]。

（二）改善和净化党内政治生态必须严明政治纪律和政治规矩

“现代政党都是有政治纪律要求的，没有政治上的规矩不能成其为政党。”[2]因此，关注并强调纪律建设是当代政党建设的基本内容。党的纪律建设是党在中国革命和建设中取得节节胜利的制度保障和重要经验。习近平总书记高度重视党的纪律建设，并作出一系列重要论述，从而形成了纪律建设的重要思想体系，这些思想应当在党的纪律建设中得到贯彻。净化党内政治生态，走政治生态化发展之路，坚持党要管党、全面从严治党，其根本和重中之重就在于讲规矩明纪律。[3]严明政治纪律和政治规矩，就是要形成这样的政治思想和政治氛围：自律也要他律，守纪律守规矩，遵守八项规定；不搞团团伙伙、结党营私、拉帮结派；敢于担当，坚定执行、不折不扣执行党的纪律和规矩；执纪问责时做到有规在先、抓早抓小，不搞不教而诛，使党内监督不留死角、没有空白；坚持有责必问、问责必严；坚持

---

〔1〕 袁冬梅：《中国共产党党内政治生活的历史演进与启示》，载《理论导刊》2019年第10期。

〔2〕 中共中央纪律检查委员会、中共中央文献研究室编：《习近平关于严明党的纪律和规矩论述摘编》，中央文献出版社、中国方正出版社2016年版，第16页。

〔3〕 参见杨安琪：《习近平谈党的政治纪律和政治规矩》，载共产党员网2020年9月15日，http://news.12371.cn/2016/01/15/ARTI1452791112364956.shtml。

违纪必查必究;依法严厉惩治、形成不敢腐的惩戒机制和威慑力,完善法规制度、形成不能腐的防范机制和预防作用,加强思想教育、形成不想腐的自律意识和思想道德防线;党内法规面前人人平等,无特权、无例外;绝不法外施恩。

(三)改善和净化党内政治生态必须破除腐朽的党内政治文化

政治文化是政治生态的精神主导,与政治生态相互促进、相得益彰。[1]习近平总书记指出,政治文化是政治生活的灵魂,对政治生态具有潜移默化的影响。政治文化作为社会政治实践在精神领域的反映,对政治生态的影响是长期、稳定、持久的。[2]改善和净化党内政治生态必须破除腐朽的党内政治文化。破除党内落后的乃至腐朽的政治文化,必须以坚定的理想信念为精神动力,大力弘扬马克思主义政党的崇高政治理想和高尚政治追求,增强党内先进政治文化的自觉自信、自主自建,以党内先进政治文化遏制违反党内法规制度的行为。[3]强化对“关键少数”的权力监督,牢固树立正确的权力观,完善党内权力科学配置,健全党内议事决策机制,推行党内权力运行公开制度。[4]

---

〔1〕 参见陈燕楠、王嘉琪:《以良好政治文化涵养风清气正的政治生态》,载《求是》2018年第19期。

〔2〕 参见陈燕楠、王嘉琪:《以良好政治文化涵养风清气正的政治生态》,载《求是》2018年第19期。

〔3〕 参见李斌雄、廖明:《新时代中国共产党党内法规制度实施探讨》,载《马克思主义研究》2019年第10期。

〔4〕 参见李堃:《新时代中国共产党党内监督科学化研究》,载《苏州科技大学学报(社会科学版)》2019年第3期。

(四)改善和净化党内政治生态必须不断完善党内监督的制度体系

任何权力都会产生寻租的空间,从而招致腐败,绝对的权力导致绝对的腐败。这是已经为古今中外政治实践充分证明了的基本规律。正如孟德斯鸠指出的,“一切有权力的人都容易滥用权力,这是万古不易的一条经验”[1]。基于此,必须要对权力加以监督,把权力关进制度的笼子。党内监督制度是推进全面从严治党、加强党内法规制度建设的重要保障,也是净化党内政治生态的必由之路。党的十八大以来,中国共产党十分重视党内监督体系建设,完善了诸如个人重大事项报告制度、谈话函询制度、信访举报制度、巡视制度等一系列制度,力求将政治监督落实到每一个环节。[2]改善政治生态,不能仅靠道德说教,而应当通过政治监督发现问题并通过纪律处分和问责等手段重塑政治生态。为此,除了总结政治监督的成熟做法并推而广之之外,还要不断探索政治监督的新方法、新渠道。

(五)改善和净化党内政治生态必须强化“一把手”的党性原则、净化基层党组织的政治生态

在中国现行体制下,“一把手”的党性强弱直接决定了其所在党组织、所在单位、所在地方的政治生态状况,“一把手”的党性强,所

〔1〕［法］孟德斯鸠:《论法的精神》(上册),张雁深译,商务印书馆 1997 年版,第 154 页。

〔2〕参见吴宗伟:《新中国成立 70 年来中国共产党推进政治建设的基本经验》,载《理论研究》2019 年第 4 期。

在党组织、所在单位、所在地方的政治生态状况就会优化，反之，“一把手”的党性弱，则其所在党组织、所在单位、所在地方的政治生态状况就会恶化，因此必须着重抓好“一把手”的党性建设。有学者认为，“一把手腐败是政治生态严重的‘污染源’”〔1〕，“领导干部是营造政治生态的‘关键少数’”；班子“一把手”是营造一个地方、单位政治生态的核心人物”〔2〕。湖南衡阳“塌方式”的集体腐败“窝案”，就是“一把手”腐败造成的整个衡阳市政治生态恶化的明证。

净化政治生态还要狠抓基层党组织政治生态的治理。基层党组织是党在社会基层组织中的战斗堡垒，是党的全部工作和战斗力的基础。基层党组织和群众联系最直接、最经常，基层党组织的政治生态好坏直接关系群众的感受，影响党执政的基础，因此，必须抓好基层党组织的政治生态建设。基层党组织政治生态的恶化，会直接影响干群关系，侵蚀党员干部“精气神”，加重基层负担，破坏政治生态基层土壤〔3〕。

三、提升党内法规制度执行主体的执行能力

一是强化党内法规的宣传力度。守规需要以知规为前提，而执规同样离不开对党内法规的知晓、了解和把握，否则执行党内法规

---

〔1〕 何旗：《一把手腐败与政治生态污染及其修复》，载《理论探索》2020年第1期。

〔2〕 李新华：《论政治生态的几个基本理论问题》，载《学习月刊》2019年第12期。

〔3〕 参见李荣娟、殷旺来：《当前县域政治生态的突出问题与破解路径》，载《湖北行政学院学报》2019年第6期。

就会成为笑谈，为此必须重视并强化党内法规宣传教育。通过宣传学习，促使党员、党员领导干部和各级党组织了解、掌握党内法规的基本精神、主要内容、落实要求等，培养和提升执行主体执行党内法规制度的能力。二是加强对执行主体执行党内法规制度的技能培训。执行主体包括普通党员、党员领导干部和党组织，技能培训一个都不能漏。通过技能培训，促使执规主体切实掌握执行党内法规制度的技能，提高执规主体的业务素质，从而提高其执行党内法规制度的能力。三是树立并强化执规理念。《执行责任制规定》第11条规定了执行党内法规应当遵循的四项基本要求，即担当作为，严格执规，公正执规，规范执规。执规时，执规者应严格遵循上述四项基本要求，坚持“忠实执行、合法执行、公开透明、权责一致以及注重效率等原则，精准打击违反党内法规制度的行为”[1]。

第四节　确保党内法规制度执行流程规范化

在法学的视野中，程序具有至关重要的价值和意义，程序正义是确保实体正义的前提和关键。而在制度建设方面，制度制定流程作为一种程序规范则有助于确保制度自身的公正实施。基于此，为提升党内法规制度执行力，确保党内法规制度被贯彻落实，应当确保党内法规制度执行流程的规范化。

---

〔1〕 李和平：《党内法规制度执行力建设“永远在路上”》，载《人民论坛》2019年第2期。

一、确立党内法规制度执行的价值取向，克服工具主义思想倾向

价值取向在提高党内法规制度执行力方面具有方向引领的作用。价值取向是价值哲学的重要范畴，它指的是一定主体基于自己的价值观在面对或处理各种矛盾、冲突、关系时所持的基本价值立场、价值态度以及所表现出来的基本价值取向。价值取向具有实践品格，它的突出作用是决定、支配主体的价值选择，因而对主体自身、主体间关系、其他主体均有重大的影响。有学者认为，价值取向是影响党内法规制度执行力的主要因素之一。〔1〕

提升党内法规制度执行力首先要明确党内法规制度执行的价值取向，党内法规制度执行的价值取向的确立依据是人民利益和法的属性。确立什么样的价值取向应以人民利益作为最终的考量因素，符合人民利益的才能确立为党内法规制度执行的价值取向，相反，不符合人民利益的不能确立为党内法规制度执行的价值取向。为人民服务是中国共产党的根本宗旨，"以人民为中心"是国家治理现代化的目标和价值所在，〔2〕这决定了中国共产党的制度设计应当贯彻这一宗旨，党内法规制度执行也应当贯彻这一宗旨。执政党的最高宗旨，在党内法规制度执行层面可以具体化为执行的价值取向，这

---

〔1〕 参见姜裕富：《政治生态学视角下党的制度执行力研究》，载《广西社会科学》2013 年第 11 期。

〔2〕 参见宋婷：《驱动以人民为中心的治国理政价值引擎》，载人民网 2020 年 9 月 15 日，http://dangjian.people.com.cn/big5/n1/2019/1104/c117092-31437003.html。

会在一定程度上影响党内法规制度执行力。[1]党内法规的第一属性是政治性，为人民服务作为确立标准就是出于对党内法规政治性的考量。党内法规的第二属性是法的属性，法的属性应成为党内法规价值取向确立标准之考量，[2]因此明确党内法规制度执行的价值取向的确立依据要同时考量法的价值。

笔者认为，党内法规制度执行力的价值取向应从两个维度上作出科学安排，体现结果和过程相结合、实体和程序并重的思路，从而对党内法规制度执行进行全方位的规制，以实现党内法规管党治党、治国理政的制度作用。党内法规制度执行力的价值取向分为两个维度，即目标价值和手段价值，从状态上可分为静态的目标价值和动态的过程价值，从制度正义上要实现实体正义和程序正义的完美结合。具体而言，党内法规制度执行力的价值取向有三个：目标价值——秩序；实体价值——公平正义；程序价值——规范。

一是目标价值——秩序。秩序是制定党内法规制度的价值追求，“党内法规从一开始就把规矩和纪律放在了首要地位，或者说党内的所有规章制度应当首先体现一种秩序上的稳定，确保执政党有铁一般的组织规矩和组织纪律”[3]。党内法规制度执行就是为了实现党内法规制度确立的目标，所以应当把秩序作为其目标价值。秩序

---

〔1〕 参见周国雄：《提升公共政策执行力的制度分析》，载《中共福建省委党校学报》2007年第8期。

〔2〕 参见周叶中、邓书琴：《论中国共产党党内法规的价值取向》，载《中共中央党校学报》2018年第8期。

〔3〕 李会勋、肖金明：《党内法规的价值维度研究》，载《中共四川省委党校学报》2017年第3期。

首先要具有稳定性或安定性〔1〕。党内法规制度执行力的直接目标就是维护和发展稳定的党内秩序，从而促进党内法规的最终目的的实现，即实现中国共产党的依法执政。

秩序还应当具有良善性。秩序是一种状态、一种结果，秩序应是一种良性的、良善的状态。“党内法规制度的有效执行和落实正是遵循了实践理性的逻辑，良善原则、效能原则和正当原则贯穿于党内法规制度执行和落实的始终，为十八大以来党内法规制度执行力的提升提供了理论阐释。”〔2〕良善秩序的价值取向包含两层含义：一是党内法规制度执行力要达致良善秩序；二是当非良善的秩序存在时，及时对其进行重新构建，使之成为良善秩序。

二是实体价值——公平正义。良善的秩序体现的是状态上的、静态上的、结果上的价值追求。但党内法规制度执行力的价值还应在执规过程中予以把控、予以实现，体现出过程中实体上的公平正义。党内法规制度执行力的价值应体现出党的根本宗旨，党的根本宗旨是为人民服务，体现出人民性，把人民利益始终放在第一位，而人民利益最本质的内涵要求或追求就是公平正义。公平正义不仅应成为党内法规制度的价值，〔3〕而且在执行党内法规制度时也应当将其贯穿始终，成为衡量党内法规制度执行力的价值考量因素之一。

---

〔1〕 参见刘凯、蒋悟真：《党内法规体系化的逻辑结构与价值依归》，载《华南理工大学学报（社会科学版）》2018 年第 5 期。

〔2〕 唐莹瑞、赵晓强：《试论党内法规制度执行力的形成逻辑》，载《长白学刊》2018 年第 5 期。

〔3〕 参见周易茗：《党内法规集中体现公平正义价值》，载《学习时报》2019 年 11 月 13 日，第 2 版。

党内法规具有法的属性，而公平正义是法的重要价值之一，因此，也应把公平正义作为党内法规制度执行力的重要价值之一。

三是程序价值——规范。正义不仅要实现，而且还要以看得见的方式实现。这种看得见的方式就是执规和执纪问责的程序。党内法规制度执行力的价值不仅注重结果上的“良善秩序”，体现出实体上的公平正义，而且还要注重程序的“良善”，即注重程序正义。在我国程序正义普遍得不到重视的当下，将程序正义独立于实体正义之外并予以并重，具有重大的实践意义。

通过确立党内法规执行的价值取向，为党内法规制度的执行提供基本的遵循，确保党内法规制度执行的政治性、规范性、严肃性、公正性，确保党内法规制度的执行能够始终沿着正确的轨道运行。

二、确立党内法规执纪问责的裁量基准，提升党内法规制度执行的标准化

党内法规执纪问责应当坚持制度化、规范化、标准化的原则，做到“同样情况同样对待，不同情况不同对待”，避免执纪问责畸轻畸重。研究制定党内法规执纪问责的裁量基准，可以有效地提高执纪问责的标准化水平，堵塞制度漏洞，减少执纪问责的自由裁量空间。

可以借鉴行政机关成熟的行政裁量基准制度和行政法学关于行政裁量基准的研究成果，确立党内法规执纪问责的裁量基准。当制定党内法规制度执行的裁量基准制度时，应坚持几个原则：一是

建立普适性和专门性相结合的裁量基准制度。可以制定专门的党内法规文件，规定普适性的裁量基准原则和基本制度。专门性的裁量基准可以在制定相关党内法规时融入其中。二是坚持结果导向型的"效果裁量"原则，将裁量结果作为衡量执纪问责公正与否的最终评判依据。三是坚持程序正义指引下的"要件裁量"和"程序裁量"相结合的原则。[1]要件裁量即对党内法规的适用要件进行分析解释，归纳出适用的问题情形。所谓程序裁量是指，"根据何种程序决定、根据何种程序采取措施"[2]的裁量。

三、坚持党内法规制度执行流程的程序化，提高党内法规制度执行规范化

党的十八大以来，党中央高瞻远瞩，以刀刃向内的自我革命精神推进依规治党、持续加强党内法规制度建设，形成了比较完善的党内法规体系。现行的党内法规不仅对党内法规执行的主体及其责任进行了明确规定，而且规定了相对较为明确的党内法规执行程序和要求。以《中国共产党问责条例》(以下简称《问责条例》)的规定为例，该条例不仅规定了问责的主体、对象、情形，以及问责需要遵循的基本原则，而且也对问责的程序进行了规定。依据该条例：发现有本条例第 7 条所列问责情形，需要进行问责调查的，有管理权

〔1〕 参见熊樟林：《非行政处罚类裁量基准制度的反思与重建》，载《法学评论》2019 年第 6 期。

〔2〕 参见王贵松：《行政裁量的内在构造》，载《法学家》2009 年第 2 期。

限的党委（党组）、纪委、党的工作机关应当经主要负责人审批，及时启动问责调查程序。其中，纪委、党的工作机关对同级党委直接领导的党组织及其主要负责人启动问责调查，应当报同级党委主要负责人批准。应当启动问责调查未及时启动的，上级党组织应当责令有管理权限的党组织启动。根据问题性质或者工作需要，上级党组织可以直接启动问责调查，也可以指定其他党组织启动。对被立案审查的党组织、党的领导干部问责的，不再另行启动问责调查程序。〔1〕启动问责调查后，应当组成调查组，依规依纪依法开展调查，查明党组织、党的领导干部失职失责问题，综合考虑主客观因素，正确区分贯彻执行党中央或者上级决策部署过程中出现的执行不当、执行不力、不执行等不同情况，精准提出处理意见，做到事实清楚、证据确凿、依据充分、责任分明、程序合规、处理恰当，防止问责不力或者问责泛化、简单化。〔2〕查明调查对象失职失责问题后，调查组应当撰写事实材料，与调查对象见面，听取其陈述和申辩，并记录在案；对合理意见，应当予以采纳。调查对象应当在事实材料上签署意见，对签署不同意见或者拒不签署意见的，调查组应当作出说明或者注明情况。调查工作结束后，调查组应当集体讨论，形成调查报告，列明调查对象基本情况、调查依据、调查过程，问责事实，调查对象的态度、认识及其申辩，处理意见以及依据，由调查组组长以及有关人员签名后，履行审批手续。〔3〕在执行《问责条例》，依规问责

〔1〕 参见《中国共产党问责条例》第9条。
〔2〕 参见《中国共产党问责条例》第10条。
〔3〕 参见《中国共产党问责条例》第11条。

时，显然需要依照这些要求和程序严格推进。

“我们要下大力气建制度、立规矩，更要下大力气抓落实、抓执行，坚决纠正随意变通、恶意规避、无视制度等现象。”〔1〕在党内法规执行过程中，执行主体需要规范执规程序，梳理和明确党内法规制度执行的步骤、时间、方式、方法等，严格按照执规流程，一个环节一个环节地推进，一项工作一项工作地开展，切实提高党内法规制度执行的程序化水平，不断提升执规效果。〔2〕

第五节　建立健全党内法规制度执行的保障制度

就强化党内法规制度执行而言，建立健全党内法规制度执行保障也是不可或缺的。习近平总书记指出，“抓好法规制度落实，必须落实监督制度，加强日常监督和专项检查。要能够监督传递压力，用压力推动落实”〔3〕。基于此，需要完善党内法规制度执行的保障制度，形成党内监督和党外监督的制度合力，对党内法规制度执行的全过程进行监督，做到监督无缝隙，无死角，不留白，没盲区，全方位地保障和促进党内法规制度执行力。

---

〔1〕 习近平：《论坚持全面依法治国》，中央文献出版社 2020 年版，第 155 页。

〔2〕 参见中办法规局研究室：《〈中国共产党党内法规执行责任制规定（试行）〉，这样做！》，载共产党员网 2020 年 8 月 5 日，http://www.12371.cn/2019/10/23/ARTI1571793901076187.shtml。

〔3〕 中央纪律检查委员会、中共中央文献研究室编：《习近平关于严明党的纪律和规矩的论述摘编》，中央文献出版社、中国方正出版社 2016 年版，第 90 页。

一、整合五种党内监督方式

党内监督体系由五种监督方式构成，即党委党组全面监督、纪律检查机关专责监督、党的工作部门职能监督、党的基层组织日常监督、党员民主监督。就确保党内法规制度严格执行而言，关键是要使这五种党内监督方式都能够有效发挥作用，并形成监督合力。基于此：(1)应加强党内法规制度执行监督体系建设，充分发挥五种党内监督体系的功能和作用，使党内法规制度执行受到全方位、全过程、立体监督。“紧紧扭住权力运行这个核心，抓住领导干部这个重点。通过巡视等从严治党利器，定期对落实党内法规的情况进行检查分析，及时发现和纠正党内法规执行中的偏差，坚决防止宽松软问题，督促各级党组织按制度规范和工作程序严肃工作纪律，确保党内法规良性运行，用监督制度的刚性保障党内法规的落实。”〔1〕(2)应强化监督结果运用。监督是为了发现问题并解决问题，而不是为了监督而监督，否则监督也就沦为了形式主义要求。通过监督发现的问题，无论违规违纪者和失职失责者是谁，都要依法进行执纪问责，加强监督结果的运用，充分发挥监督的作用和效力。尤其要抓好对领导干部的监督检查，把贯彻执行党内法规作为考核合格干部的必备条件，并纳入责任考核，作为领导干部年度考核评定、提拔和评先评优的重要条件，并及时公开通报考核结果。〔2〕这显然是强化党内法规执行监督，确保党内法规制度执行力

---

〔1〕 陈永胜：《进一步提高党内法规执行力》，载《通辽日报》2017年4月7日，第3版。

〔2〕 参见王芳、刘长秋：《提高党内法规执行力研究》，载《观察与思考》2017年第5期。

的客观需要。

二、进一步强化并延伸巡视制度

巡视巡察是为落实全面从严治党要求，严肃党内政治生活，净化党内政治生态，加强党内监督，而由党内法规确认并在党内实施的一项重要制度。“巡视巡察是全面从严治党的重大举措，是党内监督的战略性制度安排。[1]”党章和《中国共产党党内监督条例》都对巡视制度作出了规定，甚至党中央还专门制定了《中国共产党巡视工作条例》。党的十八大以来，在党中央坚强领导下，巡视监督尊崇党章，从聚焦党风廉政建设和反腐败斗争，到聚焦坚持党的领导、加强党的建设、全面从严治党，发挥了利剑作用，已成为党中央的“千里眼”“顺风耳”“侦察兵”。如今，巡视监督已发展成为党内监督的最有效形式，这项党内监督形式应当在今后的党内监督中进一步得到强化，并使之常态化。

在强化中央和省市区巡视监督的同时，应大力推进巡视监督全覆盖，推动巡视监督向基层延伸，建立和完善市县巡察制度。作为一项成熟的党内监督制度形式，巡视监督的成功经验具有可复制性，应向基层进行延伸，形成巡视巡察监督的全覆盖。为此，《中国共产党党内监督条例》第19条规定，省、自治区、直辖市党委应当推动党的市（地、州、盟）和县（市、区、旗）委员会建立巡察制度，使从严治

---

〔1〕 夏红民：《巡视巡察联动　强化执纪效能》，载《求是》2020年第11期。

党向基层延伸。今后，在总结党的十八大以来市县巡察工作探索经验的基础上，深入贯彻《关于市县党委建立巡察制度的意见》，做好巡视巡察工作一体化谋划，通过示范传导、制度传导、检查传导，推动巡视工作向市县延伸，补齐基层党内监督的短板，加快形成上下联动、同频共振的工作态势。在市县党委建立巡察制度，加大整治群众身边腐败问题力度，打通全面从严治党"最后一公里"。"促进巡视巡察的有机联动，提升巡视巡察整体效能，须树立整体性治理思维，坚持巡视示范带动巡察，从加强巡视巡察主体联动、优化联动方式、重视联动过程管理等多个方面着力。"〔1〕不断完善巡视巡察制度，进一步促进巡视巡察目标精准化、巡视巡察主体常态化、巡视巡察对象具体化、巡视巡察内容系统化、巡视巡察程序制度化，〔2〕不断提升巡视巡察效能，不断强化发现问题和解决问题的功能，不断增强整改上和成果运用上的力度，从而持续提升党自我净化、自我完善、自我革新、自我提高的现代政党品质。

而党内法规制度执行作为事关党的建设、国家治理以及民族复兴的一项重要工作，也应当被纳入巡视巡察的范围之内，作为巡视巡察的基本内容。这是强化党内法规制度执行之党内监督，确保党内法规制度执行力的客观需要。《执行责任制规定》明确规定：党委（党组）每年至少召开1次会议专题研究党内法规执行工作，将党内法规纳入理论学习、中心组学习和干部教育培训的重要内容。牵头

---

〔1〕 张学龙：《整体性治理视角下的党内巡视巡察联动研究》，载《理论与改革》2019年第6期。

〔2〕 参见蔡文成：《巡视"利剑"标注党内监督新高度》，载《人民论坛》2019年第31期。

执行部门应当将党内法规宣传教育作为履行执规责任的重要方面，加大党内法规宣传教育力度。各级党组织应当采取有效措施，增强党员干部的执规意识，提高执规能力，严格执规标准，规范执规程序，提升执规效果。这实际上为将党内法规执行情况纳入党内巡视巡察提供了制度合规性。

三、强化群众监督和舆论监督

发挥群众监督和新闻舆论监督的优势，强化民主监督的组织优势。党内监督和党外监督的根本出发点都是为了发现违纪和失职失责的行为，严格执纪问责，维护党内法规的严肃性和权威性，二者目标一致。党内法规制度执行力需要来自党外的监督，没有外部监督，党的自我监督和约束就会弱化。

对党内法规制度执行的监督要形成全方位、无死角的监督态势，以便及时发现违纪和失职失责的行为，并对之予以纠正或依法施以纪律处分或进行问责。通过监督制度的震慑力，一方面惩戒了违纪和失职失责的行为；另一方面教育了其他党员和党组织，从而可以有效地保障、促进和提升党内法规制度的执行力。

为此，要充分发挥群众监督范围广和新闻舆论监督影响大的优势，明确民主党派民主监督的地位，形成党内监督和党外群众监督、舆论监督、民主党派监督、司法监督、国家机关监督的制度合力，提升监督效能，促进依法公正规范执规和执纪问责，从而提高党内法规制度的执行力。

中国共产党产生于群众，理应对群众负责、受群众监督。列宁认为社会的真正主人是人民群众，必须完善群众监督制度机制，发挥群众自下而上的监督作用，避免人民公仆变成人民的主人。一是明确群众的监督地位；二是为群众监督提供条件；三是拓宽群众监督渠道。[1]这是列宁关于群众监督的思想，应在党内法规制度执行中予以借鉴并科学安排。在群众监督方面，对于通过举报热线和举报网站提供的举报信息，相关部门应及时有效处理，并向举报人予以反馈。对于举报信息不处理的责任部门及相关责任人，应严格执纪问责。

关于新闻舆论监督的作用，李斌雄教授认为，中央政治局模范践行《八项规定》之所以在党内产生了强大的示范效应，深刻改变了当代中国的政治生态，原因就在于新闻舆论通过各种监督方式对违反党内法规的行为进行通报曝光和大众传媒的深度传播而发挥了作用。[2]因此，要充分发挥舆论监督的作用，使违规者尤其是腐败分子无处遁形。《中国共产党党内监督条例》虽然对舆论监督作出了原则规定，但不够具体，缺乏责任制度与之配套。笔者建议，可以通过修改《中国共产党党内监督条例》对媒体的监督行为和党员领导干部和各级党组织的行为予以规定。一是明确党员领导干部和各级党组织加强舆论监督的职责和要求，明确违规行为的责任承担。党员领导干部和各级党组织应当充分重视并积极支持舆论监督，对那些

---

〔1〕 参见陈东辉：《列宁党内监督思想及其当代启示》，载《学习论坛》2018 年第 4 期。

〔2〕 参见李斌雄、廖明：《新时代中国共产党党内法规制度实施探讨》，载《马克思主义研究》2019 年第 10 期。

妨碍舆论监督，甚至打击报复的行为，应严格执纪问责。二是明确媒体的监督行为，保障媒体监督的独立性，合法的监督行为受党内法规保障，不受任何组织和个人的干预和妨碍，违法的行为应当得到纠正，构成犯罪的应依法追究刑事责任。

关于民主监督的作用，和党内监督、权力监督、审计监督、群众监督、舆论监督等相比，政协的监督和民主党派的监督具有独特的不可替代的功能和作用。群众监督力量分散，舆论监督存在宣传强化、监督自我弱化的趋势，权力监督和审计监督存在监督范围狭窄的问题，而民主监督是有组织的监督，可以充分发挥范围广、力量大的监督优势。政协和民主党派的监督应包括发现问题和督促解决问题两个方面，应明确政协监督和民主党派监督的效力，政协提出的监督，受案部门应及时处理，并将处理结果及时反馈给提供监督信息的政协或民主党派。

四、强化事前监督，提高监督的及时性和预防性

监督的价值在于发现和解决问题，更在于防范问题，为此，必须使监督务实、有效且管用，真正起到监督的作用。党内法规监督作为发现和解决党内法规实施过程中的问题以确保党内法规执行的重要举措，更应当提前布局，注重实效。基于此，要充分发挥党内法规监督制度的刚性约束，务必做到全阶段监督，将监督前移，建立事前监督机制，完善事中检查机制，加强事后巡视巡察机制，提升保障制度的及时性。对保障制度的设计进行认真的反思和检查，对制度执

行进行实时监督和管理。[1]要保证信息传递的全面性、可信性、连续性、时效性，需要建立一套党内法规监督信息管理机制。[2]

将党内法规监督前移，强化事前监督，目的是增强监督的预防性。监督的目的虽然有及时发现问题并及时惩戒违规行为的因素，但更重要的是防患于未然，通过监督及时纠正违规行为。所以，建立并推行事前监督机制，各级党委要切实把纪律和规矩挺在前面，用党纪党法约束、规范党员领导干部和其他党员的思想、行为、作风，用"红线意识""底线意识"给全党划出一道"警戒线"，[3]使党员、党员领导干部和各级党组织严守党的纪律和规矩，防微杜渐。

五、严格落实党内法规制度执行责任制

责任制度的重要作用在于，通过责任追究倒逼执规主体依法执纪问责。因此，提高党内法规制度执行力务必建立健全有力的责任追究机制。根据《执行责任制规定》的要求，加快建立执规责任制，完善分层分级的执规责任体系，作出可量化、可考核、可追责的刚性规定，能够有力督促各级党组织和党员领导干部严格履行执规责任，形成全党上下一起抓执行的良好局面，从根本上破解党内法

〔1〕 参见麻宝斌、段易含:《再论制度执行力》，载《理论探讨》2013 年第 2 期。

〔2〕 参见蒙慧、李伟:《党内法规执行资源问题研究》，载《学术探索》2017 年第 1 期。

〔3〕 参见李堃:《新时代中国共产党党内监督科学化研究》，载《苏州科技大学学报(社会科学版)》2019 年第 3 期。

规“执行难”问题，为推动全面从严治党向纵深发展提供坚强制度保障。[1]

首先，严格落实执行责任制度，不放纵不冤枉。《执行责任制规定》压实了各级党组织和党员领导干部执规责任，释放了执规必严、狠抓执行的强烈信号。[2]既然《执行责任制规定》明确了党内法规制度执行主体的各项责任，那么，责任主体就应当对执行党内法规的行为及其后果负责，执纪问责主体应当对这些行为该纠正的纠正，该追责的追责，不能让责任制度成为“稻草人”“纸老虎”。对执行制度不认真、不按制度规定办事的，无论情节如何，无论职务高低都要进行追究，真正做到违法必究，体现制度面前人人平等，维护制度的权威性和严肃性。[3]值得一提的是，《执行责任制规定》明确规定执行责任主体是党员领导干部和各级党组织，并不包括普通党员。笔者认为，从事执规工作的未必都是党员领导干部，如果普通党员违反了执行责任，也应当比照相应规定对之予以相应处罚。

其次，依规严肃公正规范执纪问责，发挥执纪问责的压力传导机制作用。现行党内法规基本上不存在空白的地方，基本可以满足“有规可依”的需要，在“有规可依”的制度基础之下，执纪问责者

---

〔1〕 参见中办法规局研究室：《〈中国共产党党内法规执行责任制规定（试行）〉，这样做！》，载共产党员网2020年8月5日，http://www.12371.cn/2019/10/23/ARTI1571793901076187.shtml。

〔2〕 参见中办法规局研究室：《〈中国共产党党内法规执行责任制规定（试行）〉，这样做！》，载共产党员网2020年8月5日，http://www.12371.cn/2019/10/23/ARTI1571793901076187.shtml。

〔3〕 参见姜裕富：《政治生态学视角下党的制度执行力研究》，载《广西社会科学》2013年第11期。

执纪问责时应严格遵守以下四个原则：一是依规执纪问责。党内法规面前应人人平等，无论哪个党员，无论哪个党组织，只要发生违纪或失职失责的行为，都严格依照党内法规追究责任，依法进行纪律处分或纪律处理，依法进行问责，绝不搞例外，使刚性约束得到严格遵循，切实做到遵守法规制度没有特权、执行法规制度没有例外，坚决防止出现“破窗效应”，有力维护党内法规制度的严肃性和权威性。〔1〕二是严肃执纪问责。对于造成“党规虚置”“党规空转”“党规弱化”等党内法规执行不力问题，应对相关责任人与单位予以严肃问责，通过追责机制真正使党内法规成为管党治党的“利剑”。〔2〕严格按照《执行责任制规定》第16条规定的追责情形进行处理，对那些不严肃执规、有令不行、有禁不止、执行不力，或规避或变通或打折扣或选择执规的责任人，依规予以执纪问责。对那些责任主体职权有交叉的事项，如果发生相互推诿不作为或争相作为，只要发生责任问题，对所有相关责任主体均予以问责。三是公正执纪问责。法纪需要公正，而执法执纪者则需要刚正不阿，需要心中有党、心中有秤，以对党负责、对当事人负责的精神公正执纪，依规问责，做到不偏私、不夸大。执纪问责时，要使处理结果公正公平，使被处理者心服口服。做到党规面前人人平等，不留“暗门”、不开“天窗”，坚决杜绝“破窗效应”。四是规范执纪问责。执纪问责时，执纪问责主

〔1〕　参见中共天津市委党校课题组、钟龙彪：《提高党内法规制定质量和执行力》，载《求知》2015年第5期。

〔2〕　参见王建芹、农云贵：《科学构建党内法规制度体系的三条进路》，载《中共天津市委党校学报》2017年第6期。

体要严格依照法定程序，遵循执纪问责的方式、方法、步骤，尊重党员和党组织的程序权利。

最后，强化对监督者的监督。任何权力都需要监督，否则就会招致腐败，监督者的权力也在其中。习近平总书记指出，纪检监察机关要防止“灯下黑”，严肃处理以案谋私、串通包庇、跑风漏气等突出问题，清理好门户，做到“打铁必须自身硬”。[1]为了防止“灯下黑”问题的发生，应建立科学执纪问责的程序规定，从线索发现和处置到谈话函询、初步核实、立案审查、审理、监督管理等各个环节，都严格按程序进行操作，避免人为的感情因素掺杂其中。

---

〔1〕 参见中央纪律检查委员会、中共中央文献研究室编：《习近平关于严明党的纪律和规矩的论述摘编》，中央文献出版社、中国方正出版社 2016 年版，第 124 页。

第五章　党内法规制度执行力评估研究

——以《中国共产党党员教育管理工作条例》为视角

随着党的十八届四中全会将党内法规明确纳入中国特色社会主义法治体系以来，国内学界有关党内法规的研究日渐兴起，已经成为国内法学研究乃至政治学研究的一道胜景。党内法规研究需要关注党内法规基础理论方面的研究，为党内法规制度建设提供更为有力的理论支撑，但亦需要关注实践运行层面的问题，尤其是需要关注党内法规制度执行层面的问题探讨，而党内法规制度执行力评估问题就在其中。党内法规制度执行力评估既可以指对所有党内法规制度执行情况的系统性评估，也可以指对相关联的若干部党内法规，抑或其中某一部党内法规，甚至是党内法规其中的若干条款进行执行情况的针对性评估。在党内法规制度执行力评估方兴未艾的当下，尚不具有作系统性评估的条件，故可由针对性评估为抓手，以小见大，展现党内法规制度执行力的情况。党内法规制度执行力评估不等于党内法规制度实施后评估。党内法规制度实施后评估，或党内法规实施后评估，是在党的中央组织、中央各部门和有制定权限的党委制定的党内法规实施后，依照一定的标准和程序，对其进行调查、评价和分析，总结经验并提出完善意见的活动。[1]而党内法规制度执行力评估是指针对党的中央组织、中央各部门和有制定权限的党委制定的党内法规及其制度的执行情况，依照一定的标准和程序，对其进行调查、评价和分析，总结经验并提出完善意见的活动。从概念大小上分析，党内法规制度执行力评估是党内法规制度实施后评估的子概念。从评估范围上，党内法规制度执行力评估仅对执行情况进行评估，一般不涉及党内法规制度本身的质量评估，也就自然不包括合理性、合法性等评估指标，[2]反而应当围绕执行本身设计针对性指标。当前，随着党中央对党内法规制度建设的日益高度重视以及学界对党内法规研究的越发关注，党内法规制度执行力研究成果已经开始越来越多地涌现，研究的力度、深度以及广度正在提升，但总体相对缺乏实证研究成果，尤其是缺乏以指标构建为基础的实证研究成果。基于此，我们将以《中国共产党党员教育管理工作条例》为例来分析党员教育管理制度执行力问题，就党内法规制度执行力评估指标的构建展开实证研究，以期抛砖引玉，激发学界同人对该类研究的进一步关注。

---

〔1〕 参见王建芹等：《党内法规实施后评估指标体系的构建》，载《中共天津市委党校学报》2019年第5期。

〔2〕 参见王建芹等：《党内法规实施后评估指标体系的构建》，载《中共天津市委党校学报》2019年第5期；伊士国、郭康：《论党内法规实施后评估指标体系之构建》，载《政法论丛》2019年第4期；王建芹、农云贵：《法治视野下的党内法规评估制度——学习党的十九大报告》，载《党政研究》2018年第1期。

第一节　执行力评估指标设计意义及设计原则

指数研究是近年来在法学界兴起并被日益推崇的一类实证研究方法，是用以丈量法治成效的一种重要新路径。在党内法规制度执行力研究中引入指数研究，是丈量党内法规制度执行力，从而更好地提升党内法规制度执行效果的需要，具有极为重要的理论意义和现实意义。

一、执行力评估指标设计意义

党内法规制度执行力评估指标设计是正确评估党内法规执行力以改善和提升党内法规执行力，使其真正发挥管党治党作用的客观需要，在实践中具有极为重要的现实意义。

（一）发挥定量分析的优势

当前学界对党内法规制度执行力的研究以定性分析为主，虽能够较为正确地反映执行现状，却在表达上存在笼统、相似等问题。党内法规制度执行力评价指标体系的构建能够通过定量的方式，为党内法规制度执行力的研究注入理性因素，使对《中国共产党党员教育管理工作条例》执行现状的描述更加客观准确，也为党内法规制度执行力研究提供新的视角。另外，因《中国共产党党员教育管理工作条例》实施时间尚短，定量的方式可以从实施初期开始对制度执行力进行阶段性的过程记录，一方面能够克服定性分析具有的模糊、笼统的问题；另一方面也能够加强各阶段、各组织的可比性。

（二）营造良好的执行氛围

党内法规制度执行力指标体系旨在对各级组织部门的党内法规执行现状进行客观反映，其测评结果经过信度和效度的检验，具有客观性和说服力，是上级组织和群众监督的重要参考依据。《中国共产党党员教育管理工作条例》的制定和实施对提高党员队伍建设质量，推动全面从严治党向纵深发展，夯实党长期执政基础，实现党伟大执政使命具有重要意义。将制度执行力指标测评结果与各级党组织的绩效评估相结合，能够引起各级组织部门对制度执行力指标测评工作的重视，督促组织内部形成良好的党内法规制度执行意识和执行氛围，将党员的教育培训工作落到实处，从而实现《中国共产党党员教育管理工作条例》关于“每个党员，不论职务高低，都必须按照党章要求和《条例》规定，接受党组织的教育管理”的目的。

（三）调动党规制度执行积极性

《中国共产党党员教育管理工作条例》内容侧重于党员教育培训，而党员教育培训是一个长期的过程，在制度执行中容易出现程序化、庸俗化的问题；《2019—2023 年全国党员教育培训工作规划》(以下简称《规划》)要求,中央组织部要对本规划实施情况开展中期和5年总结评估工作,党内法规制度执行力指数研究恰恰能够响应《规划》的要求,因为科学而通用的党内法规制度执行力指标体系能够经受地区差异性和时代差异性的检验,由此得出的党内法规制度执行力指数可以用作不同地区、不同历史时期的对比依据,从而激发各地各级党组织执行《中国共产党党员教育管理工作条例》的积极性。首先,通过对同一对象不同历史时期执行水平的纵向比较,能够在某一组织部门内部形成监督习惯,实现组织自我激励;其次,通过对不同对象同一历史时期执行水平的横向比较,能够在组织部门之间形成竞争氛围,实现不同竞争主体的共同进步和发展。纵向比较和横向比较的有机结合,将有效调动各组织部门执行党内法规制度的积极性,督促其在实践中不断优化执行。

(四)细化党规制度执行的责任

构成党内法规制度执行力指标体系的各项指标是经过科学考量所设计的,指标本身体现了党内法规制度执行力的关键因素。《执行责任制规定》要求,各级党组织和党员领导干部必须增强“四个意识”、坚定“四个自信”、做到“两个维护”,牢固树立执规是本职、执规不力是失职的理念,切实担负起执行党内法规的政治责任。本次研究根据《中国共产党党员教育管理工作条例》、《规划》和《执行责任制规定》等官方文件,科学设计执行力指标体系,从执规守责性、执规严格性、执规公正性、执规规范性和执规实效性五个维度对《中国共产党党员教育管理工作条例》执行力进行考量，通过分析各项指标的测评情况，能够发现各组织部门在《中国共产党党员教育管理工作条例》执行过程中存在的薄弱环节和不足之处，同时也能够为问责机制的运作提供基础条件，使各级党组织和党员领导干部认识到自己所承担的执行主体责任，并强化其认真贯彻执行《中国共产党党员教育管理工作条例》的责任感。

（五）有助于落实党内外部监督

《规定》第 14 条指出，上级党组织应当加强对下级党组织和党员领导干部履行执规责任情况的监督，各级党组织应当重视发挥党员、群众和新闻媒体等在监督执规责任履行中的积极作用。党内法规制度执行力指标体系测评最终以指数的方式显示测评结果，相较于定性评价具有简洁明了的效果。通过公开各级党组织关于《中国共产党党员教育管理工作条例》的执行力指数，能够使上级党组织、党员、群众和新闻媒体较为便捷地掌握部门执行情况，实现党内法规制度执行力内部监督和外部监督相结合，推动形成党内法规制度执行监督的合力。

二、执行力评估指标设计原则

原则是执行力评估指标评价体系设计时的准绳，党内法规制度执行力指标评价体系的设计亦须遵循一定原则。以《中国共产党党员教育管理工作条例》为例，其共 10 章 46 条，是对党员教育管理工作作出的基本规范。《中国共产党党员教育管理工作条例》在总结党员教育工作经验之外，结合了新时代党员队伍建设需要，从政治理论教育、政治教育和政治训练、党章党规党纪教育、党的宗旨教育、革命传统教育、形势政策教育、知识技能教育等多方面规定了党员教育基本任务，并分别明确教育的重点内容和目标要求。《中国共产党党员教育管理工作条例》内容丰富、层次分明，因此，以其为例来设计党内法规制度执行力指标评价体系之时，应当遵循以下原则。

（一）系统性原则

系统性原则内含全面性原则和科学性原则，即在设计党内法规制度执行力评价指标体系之时，必须站在纵览全局的高度，来全面、科学地考核各个要素之间的逻辑关系。在《中国共产党党员教育管理工作条例》的指标设计上应当注意保持整体性和联动性，要兼顾《中国共产党党员教育管理工作条例》所涉及的各个面向，既要避免各要素之间产生过多的重复和冲突，又要规避落入以偏概全的陷阱，这样才能确保执行力指标评价体系符合系统性原则。

（二）均衡性原则

均衡性原则不仅要求要兼顾各个观测对象，而且还需要合理均衡后对其进行评价。例如，《中国共产党党员教育管理工作条例》涉及上文所述的多方面教育任务，需秉持合理均衡的原则，兼顾考察各个面向上的内容。均衡性原则与系统性原则的区分在于：系统性原则更强调统筹全局，联动并调和系统内各个要素；而均衡性原则更注重厘清各个要素在系统内所承担的分量。

（三）定性与定量相结合原则

评价对象当中有些可以量化，有些难以量化，难以量化的只能进行定性评价。例如，《中国共产党党员教育管理工作条例》当中针对党员教育要在思想上进行洗礼，充分调动广大党员积极性、主动性、创造性的内容，一般只能从被调查者主观层面来反映思想教育上的具体成效，此时多数会使用定性的评价；但如组织党员定期参加支部主题党日、按期交纳党费等，则可以进行明确地量化。

（四）简便性原则

简便性原则，即简单且方便原则，遵循奥卡姆剃刀原理——如无必要，勿增实体。当设计研究指标时，尽可能删去一切不必要的多余指标，使研究指标尽量简单明了化，更易于理解和把握。在《中国共产党党员教育管理工作条例》的指标设计中，对党员教育培训的评价应使用明确的定义表述研究指标，保证它能够被观察、测量和重复操作。

（五）可行性原则

可行性原则又可称为实用性原则，要求指标不仅需要设计得简单、明了，还需要让被调查者无负担地表达出内心真意。例如，当设计《中国共产党党员教育管理工作条例》的指标评价体系时，可通过理论分析、日常生活经验、主观评估、预试等方法来检验所设计的研究指标的可行性，以此保证评价体系所反馈的真实度。

第二节　执行力评估指标设计说明及分析

指标设计是本研究的关键部分，其设计是否合理、科学直接决定研究成果是否真实可信。为此，我们专门对相关指标进行了严密设计，并在设置这些指标时进行了认真讨论。

一、执行力评估指标设计说明

目前对党内法规制度执行力尚未有学者进行评价指标体系的构建，笔者认为为了保证指标设置的科学性与可行性，需要吸收两部分研究成果。

第一部分是学者对党内法规制度执行力存在问题的研究。现有学者对党内法规制度执行力存在问题的总结揭露出执行过程中存在的短板，将其化为评价指标，可以直击痛点难点。操申斌认为党内法规执行力不足的四大原因是党内监督机制的弱化、党内权力结构的“倒置”、党员主体地位的“虚置”和法律工具主义观念的影响。〔1〕王芳、刘长秋也认为主要有四大原因，但是与操申斌总结的不同，他们认为分别是党内法规制度还不够完善、执行主体的法规意识有待

〔1〕 参见操申斌：《党内法规制度执行力的若干限制因素分析》，载《科学社会主义》2011年第2期。

提高、对党内法规贯彻执行的监督检查不力和对违反党法行为的责任追究不力。[1]沈孝鹏将多重诱因总结为党内法规体系自身不够完备、党内法规执行主体能力有所不足、党内法规执行监督尚不到位、党内法规执行环境有待改善、党内法规执行文化构建不力五个方面。[2]宋功德将党内法规执行不力的原因总结为六个“不力”，分别是功力不够、威力不够、定力不够、毅力不够、动力不够和压力不够。[3]袁海晗则认为原因在于执行主体存在“三个不相适应”，执行监督存在“三个不够到位”以及制度本身存在“三个不够紧密”。[4]刘先春、叶茂泉认为执行文化的相对匮乏影响党内法规制度的落实。[5]

党内法规制度执行力评估的一个思路可以是以因设项，针对党内法规制度执行力问题频发的诱因设置指标，但是这个思路存在一定的问题。一方面，学者对党内法规制度执行力的研究是多维度的，涉及执行主体、执行监督、执行文化和制度本身等维度，而通过前文党内法规制度执行力评估和党内法规实施后评估的比较可知，制度本身的问题应当划归党内法规实施后的评估，而非由党内法规制度执行力评估来考量。此外执行文化等既具有维度极高的抽象性又难以量化和测评，将其纳入党内法规制度执行力的评估也仅是装点门面，难以起到建言献策的作用。另一方面，学者对党内法规制度执

[1] 参见王芳、刘长秋：《提高党内法规执行力研究》，载《观察与思考》2017年第5期。

[2] 参见沈孝鹏：《党内法规执行不力：多重诱因与治理之策》，载《求实》2017年第8期。

[3] 参见宋功德：《坚持依规治党》，载《中国法学》2018年第2期。

[4] 参见袁海晗：《提高党内法规制度的执行力》，载《红旗文稿》2017年第18期。

[5] 参见刘先春、叶茂泉：《构建和培育党内法规制度执行文化的对策研究》，载《中南民族大学学报（人文社会科学版）》2015年第4期。

行力的研究又是平面化的，多数学者仍然仅关注执行力不足的问题，而很少关注执行力过头的问题，事实上重复执行、加码执行等现象也是对执行力的伤害。因此借鉴党内法规制度执行力问题频发的诱因设置指标，而不照单全收，才能使党内法规制度执行力评估贴合现状。

第二部分是学者对执行力评价指标的研究。根据评价客体，执行力评价指标又可细分为企业执行力评价指标、公共政策执行力评价指标、政府执行力评价指标等。在使用方法上，李晓宏等人利用层次分析法和德尔菲法构建了国有企业执行力的评价指标体系。〔1〕范如国等人通过信度效度检验法和熵权法对其进行改进。〔2〕姚红等人基于模糊数学对环境政策执行力进行评估。〔3〕杨代福和李松霖在此基础上将模糊综合评价法和360度评估法相结合，用以评价重庆市户籍改革的政策执行力。〔4〕在指标的分解方面，最具代表性的是莫勇波的观点，其将政策执行力评估体系划分为执行刚度、执行力度、执行高度、执行速度、执行效度五个维度。〔5〕但这一

〔1〕 参见李晓宏、张继林、张禹：《国有企业执行力评价指标体系构建研究——兼议提升国企执行力之策》，载《现代财经（天津财经大学学报）》2009年第4期。

〔2〕 参见范如国、桑悦、杨洲：《企业制度执行力评价指标体系改进方法与应用》，载《工业技术经济》2018年第7期。

〔3〕 参见姚红等：《基于模糊数学的环境政策执行力评价方法研究》，载《环境保护科学》2012年第1期。

〔4〕 参见杨代福、李松霖：《社会政策执行力及其影响因素的定量分析：以重庆市户籍改革为例》，载《社会主义研究》2016年第2期。

〔5〕 参见莫勇波：《公共政策执行中的政府执行力问题研究》，中国社会科学出版社2008年版，第68-69页。

观点受到了另一些学者的质疑，杨代福和李松霖指出执行高度在实践中难以测量，同时遗漏了对执行公信度的考察，故其将政策执行力拆分为执行刚度、执行力度、执行公信度、执行速度和执行效度五个一级指标。[1]李红岩等人认为："政府执行力的评价维度如高度、力度、刚度等概念大都是描述性词汇，存在很多不能量化的因素，尽管指标体系比较全面，但还不够细化。"故其将地方政府执行力拆解为执行能力、执行条件和执行效力。[2]除此之外，李晓宏等人将国有企业执行力拆分为人员、组织管理、执行过程和执行效果四大模块。[3]魏红英、李慧卿通过对地方政府执行力的生成结构的分析，将地方政府执行力分为执行战略、执行主体、执行资源、执行环境和执行绩效五个维度。[4]宋煜萍、王生坤将地方政府执行力分为计划确定力、组织运行力、资源整合力、领导影响力和控制实施力五个维度。[5]

党内法规制度执行力与以上执行力评估的客体均不相同，其指标不能完全适用。一方面将"执行力"进一步拆分为其他"力"的

---

〔1〕 参见杨代福、李松霖：《社会政策执行力及其影响因素的定量分析：以重庆市户籍改革为例》，载《社会主义研究》2016年第2期。

〔2〕 参见李红岩等：《我国地方政府执行力评价指标体系的构建》，载《山西财经大学学报》2012年第10期。

〔3〕 参见李晓宏、张继林、张禹：《国有企业执行力评价指标体系构建研究——兼议提升国企执行力之策》，载《现代财经（天津财经大学学报）》2009年第4期。

〔4〕 参见魏红英、李慧卿：《我国地方政府执行力测评指标体系研究》，载《国家行政学院学报》2008年第1期。

〔5〕 参见宋煜萍、王生坤：《地方政府执行力评估指标体系研究》，载《江海学刊》2010年第6期。

做法，仅是将抽象的执行力转化为同样抽象的力种，并没有提高评估的清晰性和准确性；另一方面将“执行力”划分为其他“执行维度”也存在思路不统一的问题，同时由于学者的专业背景不同，研究对象不同，对“执行维度”的界定也多种多样，如魏红英、李慧卿将对执行过程的控制归于执行主体，而李晓宏等人将其单列。甚至同为研究政府执行力，不同学者划分的指标也不尽相同。党内法规制度执行力评估的指标尚未成形，不存在公认的科学指标，甚至存在“执行维度”界定不同的情况。以执行主体为例，与一些学者将其界定为全体党员不同，《执行责任制规定》第 2 条指出：“各级党组织和全体党员负有遵守党内法规、维护党内法规权威的义务。各级党组织和党员领导干部必须增强‘四个意识’、坚定‘四个自信’、做到‘两个维护’，牢固树立执规是本职、执规不力是失职的理念，切实担负起执行党内法规的政治责任。”由此可见，在法学视野下，党内法规的守规主体为各级党组织和全体党员，执行主体则为各级党组织和党员领导干部，故党内法规制度执行力的评估对象应该是党员领导干部，而非全体党员。莫勇波、杨代福等人尽管将执行力分为多个维度，但是将其进一步处理之后可以发现其主要分为执行主体和执行实效（效度）两个方面，同时结合《执行责任制规定》第 11 条对执行党内法规应当遵循的基本要求[1]，可以将执行主体

---

〔1〕《执行责任制规定》第 11 条规定：“执行党内法规应当遵循下列基本要求：(一)担当作为，恪尽职守，不得不作为、乱作为；(二)严格执规，令行禁止，不得打折扣、搞变通；(三)公正执规，坚持党内法规面前人人平等，不得搞特殊、开后门；(四)规范执规，按照规定的主体、权限、程序等执行党内法规。”

的评估指标细分为执规守责性、执规严格性、执规公正性和执规规范性四个方面，此外应再结合执行实效对党内法规制度执行力进行评估。

2013年6月28日，习近平总书记在全国组织工作会议上提出："要严格党员日常教育和管理，使广大党员平常时候看得出来、关键时刻站得出来、危急关头豁得出来，充分发挥先锋模范作用。"〔1〕党员教育管理是党的建设基础性经常性工作，为保持党的先进性和纯洁性肩负了重要使命。《中国共产党党员教育管理工作条例》作为第一个聚焦党员教育管理的条例，使党员的教育管理工作更加清楚明晰，而与之相配套的《规划》也为《中国共产党党员教育管理工作条例》的落实和教育培训工作的长效发展提供了目所能及的实施路径。评价指标体系的构建是为了客观展现党内法规在执行中的样态，反映执行实效，以便寻找强化党内法规制度执行力的可行路径。因此围绕《中国共产党党员教育管理工作条例》，结合《规划》对其执行力进行评估，可以增加评估的可操作性，尽量规避单个条例导致的执行力评估抽象化、概括化，以免执行力评估流于表面，止于形式。同时，《中国共产党党员教育管理工作条例》规定，"各级党委各党组应当加强对党员教育管理工作的检查考核"。《规划》也提出严格考核评估的要求。对《条例》进行执行力评估也是其本身的要求，具有重要的现实意义。本书将五个一级指标具体分为十个二级指标

---

〔1〕 本书编写组编写：《习近平总书记系列重要讲话精神学习读本》，中国方正出版社2014年版，第100页。

和二十一个三级指标。(见表 5–1)

表 5–1　指标划分

执规守责性	是否不作为	教育培训是否表面化、程式化、庸俗化
	是否乱作为	教育培训是否多头调训、重复培训
	是否积极作为	党员领导干部是否发挥带头作用
执规严格性	基本任务执行情况	政治理论教育执行情况
		政治教育和政治训练执行情况
		党章党规党纪教育执行情况
		党的宗旨教育执行情况
		革命传统教育执行情况
		形势政策教育执行情况
		知识技能教育执行情况
执规公正性	党员领导干部公正性	教育培训执行公正性
	普通党员公正感	教育培训执行公正感
执规规范性	培训制度执行规范性	集中轮训制度执行情况
		需求调研制度执行情况
		学时制度执行情况
	日常管理执行规范性	主题党日开展情况
		民主评议开展情况
执规实效性	直接效果	思想是否更加入脑
		效果是否更加显著
		体系是否更加健全
	间接效果	党组织评先评优情况

（一）执规守责性

本项指标主要考察党员领导干部是否根据《中国共产党党员教育管理工作条例》要求正确作为，故下设正面指标和负面指标两个角度的指标，其中负面角度的指标包括“是否不作为”“是否乱作为”：不作为是指教育培训表面化、程式化、庸俗化等敷衍执行行为，也可将其理解为党内法规制度执行力不足的体现；乱作为是指多头调训、重复培训、加码培训等执行过头行为，执行力过头通常会导致党内法规执行变味，与执行力不足一样难以达到党内法规制定之目的。正面角度的指标包括“是否积极作为”：积极作为是指党员领导干部积极执行党内法规，发挥好模范带头作用，这也是《中国共产党党员教育管理工作条例》第8条所对党员领导干部所提要求的内容。

（二）执规严格性

本项指标旨在考察各级党组织对党员教育基本任务的完成情况。《中国共产党党员教育管理工作条例》第三章规定，党员教育的基本任务包括政治理论教育、政治教育和政治训练、党章党规党纪教育、党的宗旨教育、革命传统教育、形势政策教育以及知识技能教育，故而本次党员教育培训的评估将以上内容的执行情况作为评估对象。严格执规的标准至少应当包括内容是否全面、各级党组织是否严格执行以上党员教育任务，其直接关系广大党员群体对理论知识的学习掌握程度乃至《中国共产党党员教育管理工作条例》的整体执行效果几个方面。

（三）执规公正性

本项指标旨在考察党员领导干部在执行《中国共产党党员教育管理工作条例》时是否公正。《执行责任制规定》对公正执规的要求是“坚持党内法规面前人人平等，不得搞特殊、开后门”，这实际上是要求党员领导干部在执行党内法规制度时坚持平等原则，正确处理党内法规制度与人情之关系。党员接受党组织的培训教育是党员的基本权利，党员领导干部行为的公正性要求党组织保障普通党员的受教育权利。本指标分别针对党员领导干部和普通党员两个主体设置二级指标，旨在通过自评与他评相结合的方式保证指标评估结果的客观性，以避免将党员领导干部的主观感受作为唯一评估依据，影响本项指标评估效果。

（四）执规规范性

本项指标主要针对党内法规执行过程中的主体、权限和程序等是否符合规范展开考察。《中国共产党党员教育管理工作条例》第四章阐述了主题党日、民主评议等党员日常教育管理的主要方式；《规划》在党员教育培训方式方法中明确指出，党员教育培训要进一步健全需求调研制度、集中轮训制度和学时制度，并对各项制度的落实提出了具体要求。以此为基点，本指标下设培训制度执行规范性和日常管理执行规范性两项二级指标，以期对相关文件就党员教育培训所作规定的执行情况进行更具有针对性的评估。

（五）执规实效性

本项指标的设计目的在于从党员受教育效果倒推各级党组织对党员教育管理工作的执行效果，即从党内法规的执行末端考察执行过程。《中国共产党党员教育管理工作条例》第 4 条对党员教育管理工作提出四项原则性要求，与之相适应，思想入脑、效果显著、体系健全体现了党员教育管理工作所追求的直接效果，也是工作原则得到具体落实贯彻的体现；而党组织评先评优活动能够从侧面体现出各级党组织对执行《中国共产党党员教育管理工作条例》的积极性和最终效果，故将其设置为本指标下的另一二级指标。

二、具体分析

本课题组按照执行力评估指标设计了针对非党员、普通党员和党员干部三个人群的问卷，以期了解《中国共产党党员教育管理工作条例》执行力的全貌，利用“问卷星”发放并回收有效问卷共 175 份，满足大样本要求。问卷涵盖上海、北京、重庆、湖北、湖南等 25 个省市，在地理位置方面具有多样性，基本可以展现全国的实施情况。据统计，本次问卷共统计非党员 38 人，占比 21.71%；普通党员 103 人，占比 58.86%；党员领导干部 34 人，占比 19.43%。考虑到在党组织中党员领导干部占少数，故该比例基本可以复现党员结构，避免某一群体失衡带来的样本代表性问题。具体到各项指标，可以观察到以下现象。

第一，在党内法规制度执行力指标的重要性排序中，调查对象对于执规程序性效果的看重大于执规实际效果。为展现调查对象对各指标的重要性看重程度，本次调查采取计分的形式，通过计算选项平均综合得分进行重要性排序，具体计算方法为：选项平均综合得分＝（Σ 频数 × 权值）/ 本题填写人次。其中，Σ 频数是指选择该选项的人数。权值由选项被排列的位置决定。例如，有 3 个选项参与排序，那排在第一个位置的权值为 3，第二个位置权值为 2，第三个位置权值为 1。本题共有 5 个选项参与排序，所以排在第一个位置的权值为 5，第二个位置权值为 4，以此类推。最终经过 175 名调查对象的打分，执规公正性以 3.69 分位居第一，执规规范性以 3.37 分紧随其后，执规严格性以 3.03 分排名第三，执规守责性以 2.61 分排名第四，而执规实效性则以 2.3 分处于末尾。由此可见，公正性为大家所最为看重，而实效性最不为大家看重。（见图 5–1）

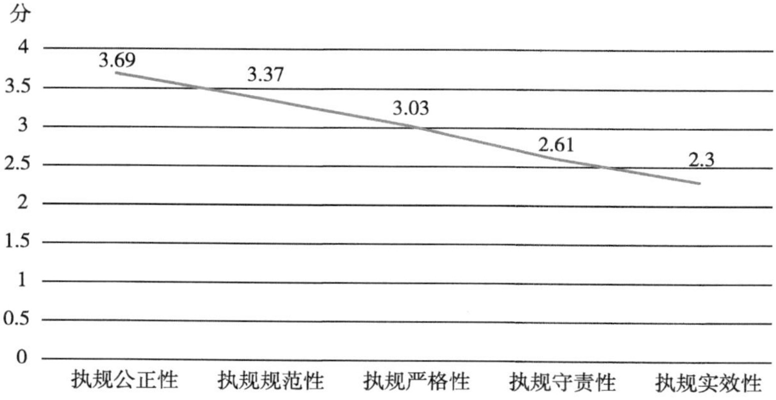

图 5–1 执行力指标排序

当评价所在党组织的《中国共产党党员教育管理工作条例》实施情况时，调查对象对各指标的打分几乎与对各项指标的看重程度一致。在 0 分最差、10 分最好的打分中，执规公正性以 7.77 分排名首位，执规规范性以 7.7 分紧随其后，执规严格性以 7.54 分排名第三，总体实施情况，也即执规实效性以 7.49 排名第四，执规守责性以 7.45 排名垫底。其中仅有执规实效性与执规守责性的排序发生变化，其均与看重排序一致，而执规实效性的得分也与执规守责性相差无几。该结果似乎证明调查对象越看重某一指标，就会越关注某一指标，从而强化了正向评价，当然，单纯从实施情况的结果来看，党员领导干部需要加强责任担当，进一步增强《中国共产党党员教育管理工作条例》实施实效。（见图 5-2）

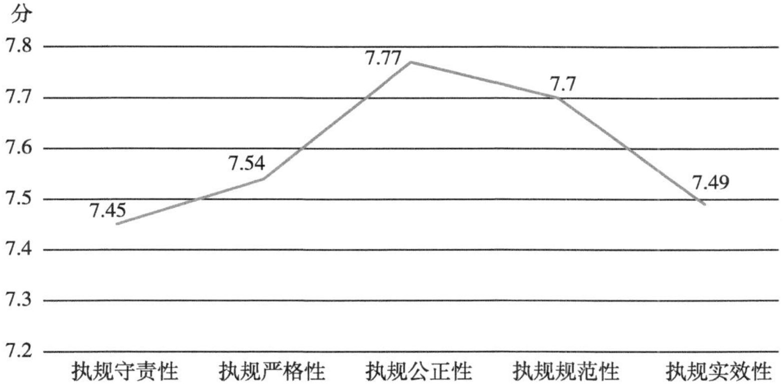

图 5-2　《中国共产党党员教育管理工作条例》实施情况评价

第二，党员领导干部对《中国共产党党员教育管理工作条例》的了解程度高于普通党员，党员群体对《中国共产党党员教育管理工作条例》的了解程度高于非党员群体。在总体样本中，了解的比例为37.71%，不太了解的比例为57.14%，没听说过的比例为5.14%，不太了解的比例占多数。而具体到不同身份，可以发现非党员和普通党员趋势一致，与总体趋势相同，但是党员领导干部与两者不同，其占比最多的为了解，比例高达58.82%。（见表5-2）

表5-2　不同主体对《中国共产党党员教育管理工作条例》的了解程度

身份	了解程度			
	了解	不太了解	没听说过	小计
非党员	8（21.05%）	23（60.53%）	7（18.42%）	38
普通党员	38（36.89%）	64（62.14%）	1（0.97%）	103
党员领导干部	20（58.82%）	13（38.24%）	1（2.94%）	34

第三，党员教育培训中，党员领导干部对执规守责性的观感明显好于普通党员和非党员。结合本课题组针对《中国共产党党员教育管理工作条例》所设计的是否不作为、是否乱作为和是否积极作为三项指标，和《执行责任制规定》的相关规定，将调查选项设计为教育培训不存在表面化、程式化、庸俗化等情况，教育培训不存在多头调训、重复培训等情况，教育培训不存在打折扣、搞变通等情况，教育培训不存在搞特殊、开后门等情况，党员领导干部在教育培训中发挥先锋模范作用以及教育培训中调查学习需求和参训意愿等情况六项，使调查对象按照0分至10分，10分最好的分数进行打分，通过三个群体对各种情况平均分的比较，可以看出不同群体的感观差异。就非党员而言，其在教育培训不存在表面化、程式化、庸俗化等情况和教育培训不存在打折扣、搞变通等情况两个选项中均给出三个群体

中最高的分数，这是可喜的表现，表明非党员观察到的情况比党员群体感觉到的更好；而在教育培训不存在搞特殊、开后门等情况，党员领导干部在教育培训中发挥先锋模范作用，教育培训中调查学习需求和参训意愿等情况以及平均分等四项中，非党员群体给出的分数均是最低的，表明党员教育培训工作在这些方面给非党员留下的印象并不好。再看党员领导干部群体，这四项的分数均是最高的，特别是前三项，均比排名第二的群体高出 0.5 分以上，具体到选项本身，可以发现党员领导干部在学习需求和参训意愿等情况的调查方面自身评价极高，而普通党员和非党员群体评价很低，均低出 1 分以上。在此方面或许党员领导干部认为自身已经履行调查职责，但是在实际效果发挥中，并没有得到普通党员甚至是非党员群体的认可。分析党员领导干部群体时，有个有趣的现象是，尽管其大多数选项分数均遥遥领先，但是在教育培训不存在表面化、程式化、庸俗化等情况和教育培训不存在打折扣、搞变通等情况两个选项中少见地打低了分数，也许尽管党员领导干部采取了多种形式、方法丰富教育培训，但是其自身并不是很满意，以至于其给自己打出了不及格的分数。当然这也不能代表其工作做得十分出色，该项的最高分为 6.24 分，其和普通党员均给出低于 6 分的结果表明表面化、程式化和庸俗化仍然是当前党员教育培训工作中的“拦路虎”。而在教育培训不存在打折扣、搞变通等情况中，党员领导干部罕见地给出了三个群体当中的最低分，该结果可能表明党员领导干部的自谦倾向，也可能表明由于信息的不对称，非党员群体和普通党员群体对搞变通、打折扣的认知与监督无法深入，使之存在偏差。总体而言，在党员教育培训守责性的调查中，不作为的现象最明显，在执行力的推进中，其仍然是需要重点攻破的难题，乱作为现象比不作为现象稍好，但是仍然不能放松警惕，特别是党员领导干部群体要摆正位置，正确处理教育培训相关事宜。而在积极作为方面，党员领导干部也需要完成从律己到助人的转变，不能仅停留在自身做好工作，还需要通过各种途径了解党员培训需求，使培训工作真正能够起到武装党员思想，改进党员不足的作用。（见图 5-3）

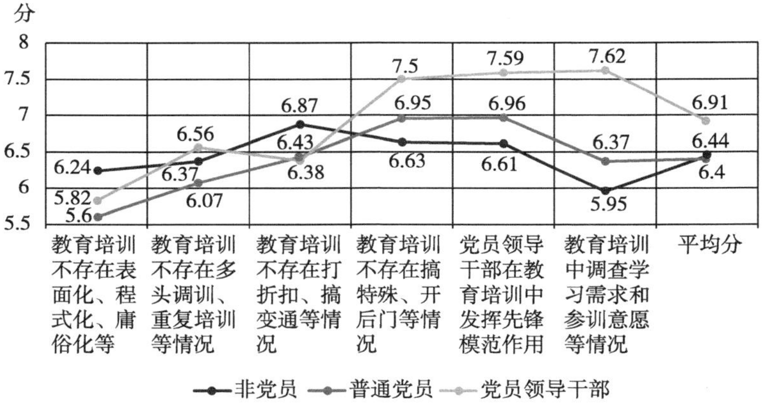

图 5-3 党员教育培训守责性情况

第四，党员教育培训中，党员领导干部对执规守责性的观感明显好于普通党员和非党员。本部分采取计算平均分的方式进行研究，平均分的计算方法为（第一个选项的分数 × 第一个选项被选次数 + 第二个选项的分数 × 第二个选项被选次数 + 第三个选项的分数 × 第三个选项被选次数 +…+ 第 N 个选项分数 × 第 N 个选项被选次数）/ 该题有效答卷份数。在本部分的调查中，本课题组将没有开展活动的分数设定为 0 分，很不满意为 1 分，不满意为 2 分，一般为 3 分，满意为 4 分，很满意为 5 分，最终根据党员群体，即普通党员和党员领导干部完成的 137 份问卷进行平均分计算。调查发现党员领导干部对于执规严格性的各个选项的评价均好于普通党员，特别在很满意的评价选项中，普通党员的认同比例大约在 20%，而党员领导干部则大约在 30%，这点在平均分上也有体现：普通党员的各项平均分大约在 3.8 分，而党员领导干部则在 4 分左右。根据分值复现到具体评价，即党员领导干部认为执规严格性处于满意的区间，而普通党员则认为处于一般和满意之间。也许是因为党员领导干部作为党员教育培训的开展者，会不自觉地夸大自己党组织所作出的成绩，从而打出更高的分数。因此，尽管就结果而言，执规严格性已经处于较高的水平（总体平均分为 3.82 分），但是党员领导干部要仔细分析其与普通党员的评价存在差值的原因，提高服务水平。（见表 5–3）

表 5–3　不同主体执规严格性调查

教育类型	身份	没有开展	很不满意	不满意	一般	满意	很满意	平均分
政治理论教育	普通党员	1（0.97%）	1（0.97%）	3（2.91%）	35（33.98%）	45（43.69%）	18（17.48%）	3.71
	党员领导干部	0（0.00%）	0（0.00%）	0（0.00%）	9（26.47%）	14（41.18%）	11（32.35%）	4.06
政治教育和政治训练	普通党员	1（0.97%）	1（0.97%）	4（3.88%）	38（36.89%）	39（37.86%）	20（19.42%）	3.68
	党员领导干部	0（0.00%）	0（0.00%）	1（2.94%）	9（26.47%）	13（38.24%）	11（32.35%）	4.00

续表

教育类型	身份	没有开展	很不满意	不满意	一般	满意	很满意	平均分
党章党规党纪教育	普通党员	1（0.97%）	0（0.00%）	3（2.91%）	31（30.10%）	45（43.69%）	23（22.33%）	3.83
	党员领导干部	0（0.00%）	0（0.00%）	0（0.00%）	9（26.47%）	15（44.12%）	10（29.41%）	4.03
党的宗旨教育	普通党员	1（0.97%）	1（0.97%）	3（2.91%）	30（29.13%）	45（43.69%）	23（22.33%）	3.81
	党员领导干部	0（0.00%）	0（0.00%）	0（0.00%）	10（29.41%）	13（38.24%）	11（32.35%）	4.03
革命传统教育	普通党员	0（0.00%）	2（1.94%）	2（1.94%）	34（33.01%）	42（40.78%）	23（22.33%）	3.80
	党员领导干部	0（0.00%）	0（0.00%）	0（0.00%）	10（29.41%）	12（35.29%）	12（35.29%）	4.06
形势政策教育	普通党员	0（0.00%）	1（0.97%）	2（1.94%）	27（26.21%）	51（49.51%）	22（21.36%）	3.88
	党员领导干部	1（2.94%）	0（0.00%）	0（0.00%）	7（20.59%）	15（44.12%）	11（32.35%）	4.00
知识技能教育	普通党员	0（0.00%）	3（2.91%）	7（6.80%）	33（32.04%）	40（38.83%）	20（19.42%）	3.65
	党员领导干部	2（5.88%）	0（0.00%）	1（2.94%）	7（20.59%）	15（44.12%）	9（26.47%）	3.76
小计	—	7（0.73%）	9（0.94%）	26（2.71%）	289（30.14%）	404（42.13%）	224（23.36%）	3.82

第五，党员教育培训中，部分党组织执规规范性仍有待加强。对执规规范性，笔者采取可以进行量化的各项指标进行衡量，如每年召开组织生活会和民主评议会的次数，再如每季度的集中学习学时数。《中国共产党党员教育管理工作条例》第17条规定，“党支部每年至少召开1次组织生活会”。第18条规定，“党支部一般每年开展1次民主评议党员”。在具体调查中，日常教育管理执行情况存在很强的同质性，除了这两项之外，普通党员和党员领导干部填写的结果也基本相同，如在党组织每月开展主题党日活动的次数方面和每月参加志愿服务活动的次数方面，都集中在1～2次，因此该项不具有特别的说明力度，故本调查组将集中培训学时数作为主要评估标准。《中国共产党党员教育管理工作条例》第20条规定，“党员每年集中学习培训时间一般不少于32学时”。由于《中国共产党党员教育管理工作条例》颁布于2019年，同时考虑到各级党组织在培训中存在一定的时间间隔差异，故笔者将时间界定为每季度。调查每季度的学时数后，根据规定进行转化，即党员一般每季度集中培训不少于8学时。结果显示党员领导干部接受集中培训的学时数较普通党员更高，特别是16小时以上的选项中，党员领导干部占比达到47.06%，将近50%，而普通党员仅有24.27%。而少于规定学时数，即不足8学时的人群当中，普通党员有24人，占比达到23.3%，超过1/5。由此可见，在接受调查的普通党员中，仍有不容忽视的人群处于未按照规定完成的状态，当然这不仅是党员自身的问题，其所在党组织也需要加强管理，增强执规规范性，按照《中国共产党党员教育管理工作条例》的要求，

保质保量地完成学时安排。(见表 5–4)

表 5–4 不同主体接受培训的学时

身份	不足 8 学时	8～10 学时	10～12 学时	12～14 学时	14～16 学时	16 学时以上
普通党员	24 (23.30%)	24 (23.30%)	15 (14.56%)	11 (10.68%)	4 (3.88%)	25 (24.27%)
党员领导干部	2 (5.88%)	4 (11.76%)	6 (17.65%)	3 (8.82%)	3 (8.82%)	16 (47.06%)

第六，党员教育培训中，党组织执规实效性较好。对于执规实效性，笔者主要通过两方面进行考察。一方面通过间接效果，即利用党组织获得的表彰数来反映该组织教育培训的实际效果，教育培训效果越好，执规实效性便越好，那么所获表彰便越多。然而，此指标与执规规范性当中的日常教育执行情况有类似效果。因为绝大多数调查对象所在的党组织获得的表彰次数均集中在 1～2 次，故只能得出教育培训的整体态势不错的结论，而无法进行进一步剖析。故为了提高实效性结论的科学性。另一方面应通过直接效果，对党员本身的变化进行考察。根据《规划》所制定的工作目标，教育培训需要使思想更加入脑、效果更加显著和体系更加健全。故笔者从这三个方面进行考察，结果显示最终三项平均分均在 4 分左右，即调查对象认为自己和所在党组织符合上述三个要求。(见表 5–5)

表 5-5　党员对三方面的理解程度

题目	完全不符合	不符合	一般	符合	完全符合	平均分
我对习近平新时代中国特色社会主义思想有更深刻的理解	2（1.46%）	2（1.46%）	22（16.06%）	78（56.93%）	33（24.09%）	4.01
我的理想信念、党性观念、宗旨意识、能力素质、纪律作风等进一步提高	2（1.46%）	1（0.73%）	17（12.41%）	83（60.58%）	34（24.82%）	4.07
党员教育培训体系更加健全，党员队伍建设工作更加细致	2（1.46%）	1（0.73%）	29（21.17%）	74（54.01%）	31（22.63%）	3.96
小计	6（1.46%）	4（0.97%）	68（16.55%）	235（57.18%）	98（23.84%）	4.01

第三节　党员教育管理制度工作执行力的改进建议

通过对《中国共产党党员教育管理工作条例》执行力评估的问卷分析，我们发现，尽管该条例的制定和实施对促进党员教育工作规范化、推进党员教育工作高效推进发挥了不可抹杀的重要作用，但党组织在党员教育管理工作中仍存在一些不足，依然具有可以改进和完善的空间。基于此，我们提出以下三个方面的改进对策及建议，希望以此进一步强化党员教育管理制度工作的执行力，提升相关法规的执行效果。

一、尊重党员主体地位，提高教育培训针对性

就党员和党组织的关系而言，党员是党内活动的主体，党内的一切活动应当以党员为基础，立足于服务广大党员之上，党组织开展党员教育管理也应当以服务党员、有助于党员接受教育培训为目的。《中国共产党党员教育管理工作条例》第 4 条规定："坚持从实际出发，加强分类指导，尊重党员主体地位，充分发挥党支部直接教育、管理、监督党员作用。"尊重党员的主体地位、塑造和提升党员、促进党员的全面发展，是党组织培养教育党员的重要内容，也是党组织的一项重要职责。[1]党员教育管理活动中存在各种执行不力的情况，很重要的一个原因是一些党组织和党员领导干部并未将教育培训当作提升和塑造党员的重要途径，而仅当作完成任务的必要过程。这样的观念投射到教育培训中，便表现为不顾教育结果，只管教育过程的形式主义现象。有些党组织仅通过开讲座、看视频等方式来安排教育工作，最终通过填表格、报数字等方式来彰显教育效果，而没有考虑党员的实际需要，从而

---

〔1〕 参见王金柱:《既要从严管理党员，又要尊重党员主体地位》，载《人民论坛》2017 年第 5 期。

使教育培训工作缺乏针对性。为解决这一问题,在教育方法上,需要将教育心理学、党史党建学等专业性学科紧密结合,使教育培训真正能为党员带来启发与提升。在教育方式上,需要利用新闻媒体、教育软件等平台进行线上线下教育。

二、坚持教育效果与过程并重，提高教育培训实效性

教育的目的在于帮助广大党员养成良好的尊规守纪习惯。为此,需要坚持教育效果与过程并重,提高教育的实效。由于教育效果难以客观测评、执规实效性的检验存在难度,故教育管理工作中存在轻视效果、淡化效果的现象,党员群体在心理上没有重视教育效果,反映到党员群体身上便存在“两不高”的情况,即对执规实效性的位阶评价不高,对所在党组织的执规实效性情况评价也不高。因此,需要扭转只重过程不重效果的既有观念,党员需要通过各种方式检验自身学习成果,党组织也需要通过各种途径了解党员的学习情况。在本次调查中尽管党员主观上表示自身和党组织均有进步,但是反映到客观层面仍然存在一定的落差。首先是硬指标的学时制度并没有得到完全的遵守,在这种情况下,很难得出学时短、效果好的结论;其次是所获荣誉也不能证明学习效果。多数党组织并未获得各项表彰,因此在外部评价方面也不能体现教育培训效果好。基于此,我们认为,应当进一步强化对教育培训实效性的考察,通过学习时长监测、知识点反馈等多种方式进行效果评测。通过在教育培训末端把好学习关的方式反推教育培训中的执行力度,确保教育

管理保质保量完成，促进党员全面健康发展。

三、发挥党员领导干部模范带头作用，提高教育培训守责性

在我国的政治法律生活中乃至经济社会活动中，党员领导干部发挥极为重要的作用，是社会行为规范与思想道德标准的“风向标”。该“风向标”在很大程度上影响制度执行的效果。为此，习近平总书记高度重视并反复强调，全面依法治国要坚持抓住党员领导干部这个“关键少数”。在党内法规制度执行方面，“制度的执行力取决于领导干部的率先垂范”[1]。这一点，无论是对国家法律制度还是对党内法规制度，都是如此。“在党内法规的执行和遵守方面，领导干部的示范引领作用更为突出。”[2]基于此，在党内法规制度执行力建设方面，必须高度重视党员领导干部的模范带头作用。在本次调查中，党员领导干部在多项指标中均表现出比普通党员更强的认同意愿，如与党员领导干部直接相关的指标，即党员领导干部在教育培训中发挥先锋模范作用的指标当中，党员领导干部自己打分远远高于普通党员和非党员。这样的一种“自我认同”并非可以简单归因于普通党员和非党员无法看到党员领导干部的出彩之处，而是反映出在具体实践中，党员领导干部存在夸大自身作用的嫌疑。因此，党员领导干部需要切实发挥模范带头作用，担当作为，恪尽职

---

〔1〕 管新华:《依规治党的历史溯源、现实设计和未来推进》，载《探索》2016年第2期。

〔2〕 刘长秋:《党内法规执行力问题研究》，载上海市中国特色社会主义理论体系研究中心编:《大视野　新理念　新台阶》，上海人民出版社2017年版，第265页。

守，提高普通党员对教育管理工作的认同度。同时党员领导干部要秉持服务意识，减少甚至杜绝不作为、乱作为现象，使教育管理工作落到实处，在具体操作上：一方面，党员领导干部需要以身作则，积极参加志愿服务活动；另一方面，党员领导干部要服务大众，积极调查党员的学习需求和参训意愿，解决党员的学习困难。通过这两方面，使党员领导干部自身制度执行的素质和能力得到提高，以高素质队伍匹配高质量执行。

主要参考文献

1. 中共中央文献研究室、中共中央党校编:《刘少奇论党的建设》,中央文献出版社 1991 年版。

2. 中共中央宣传部:《习近平新时代中国特色社会主义思想三十讲》,学习出版社 2018 年版。

3. 程维荣主编:《新民主主义革命时期中国共产党党内法规》,上海三联书店 2018 年版。

4. 中共中央文献研究室编:《习近平关于全面深化改革论述摘编》,中央文献出版社 2014 年版。

5.《邓小平文选》(第 2 卷),人民出版社 1994 年版。

6. 习近平:《在庆祝改革开放 40 周年大会上的讲话》,人民出版社 2018 年版。

7.《毛泽东文集》(第 2 卷),人民出版社 1993 年版。

8. 习近平:《做焦裕禄式的县委书记》,中央文献出版社 2015 年版。

9. 习近平:《论坚持全面依法治国》,中央文献出版社 2020 年版。

10. 王振民、施新州等:《中国共产党党内法规研究》,人民出版社 2016 年版。

11. 习近平:《习近平谈治国理政》(第 2 卷),外文出版社 2018 年版。

12. 周佑勇:《行政裁量基准研究》,中国人民大学出版社 2015 年版。

13. 上海市中国特色社会主义理论体系研究中心编:《大视野 新理念 新台阶》,上海人民出版社 2017 年版。

14. 黄相怀等:《不忘初心:中国共产党为什么能永葆朝气》,中国人民大学出版社 2016 年版。

15. 习近平:《决胜全面建成小康社会　夺取新时代中国特色社会主义伟大胜利——在中国共产党第十九次全国代表大会上的报告》,人民出版社 2017 年版。

16. 刘红凛:《政党政治与政党规范》,上海人民出版社 2010 年版。

17. 宋功德:《党规之治》,法律出版社 2015 年版。

18. 宋功德、张文显主编:《党内法规学》,高等教育出版社 2020 年版。

19. 宋功德:《党规之治:党内法规一般原理》,法律出版社 2021 年版。

20. 李军:《中国共产党党内法规研究》,天津人民出版社 2016 年版。

21. 殷啸虎主编:《中国共产党党内法规通论》,北京大学出版社

2016 年版。

22. 章志远主编:《党内法规学原论》,中国法制出版社 2020 年版。

23. 王立峰、吕永祥:《新时代思想建党与制度治党的理论与实践》,人民日报出版社 2021 年版。

24. 中共中央宣传部:《习近平总书记系列重要讲话读本》,学习出版社、人民出版社 2014 年版。

25. 中共中央文献研究室编:《习近平关于全面依法治国论述摘编》,中央文献出版社 2015 年版。

26. 欧爱民:《党内法规与国家法律关系论》,社会科学文献出版社 2018 年版。

27. 欧爱民:《中国共产党党内法规总论》,人民出版社 2020 年版。

28. 李斌雄:《扎紧制度的笼子:中国共产党党内法规制度的重大发展研究》,武汉出版社 2017 年版。

29. 蒋清华:《中国共产党党的领导法规制度基础理论研究》,人民出版社 2020 年版。

30. 中共中央纪律检查委员会、中共中央文献研究室编:《习近平关于党风廉政建设和反腐败斗争论述摘编》,中央文献出版社、中国方正出版社 2015 年版。

31. 中共中央纪律检查委员会、中共中央文献研究室编:《习近平关于严明党的纪律和规矩论述摘编》,中央文献出版社、中国方正出版社 2016 年版。

32. 中共中央党史和文献研究院编:《习近平关于全面从严治党论述摘编(2021 年版)》,中央文献出版社 2021 年版。

33. 习近平:《论中国共产党历史》,中央文献出版社 2021 年版。

34. 李忠:《党内法规建设研究》,中国社会科学文献出版社 2015 年版。

35. [法]孟德斯鸠:《论法的精神》(上册),张雁深译,商务印书馆 1997 年版。

36. 中共中央文献研究室编:《十八大以来重要文献选编》(上),中央文献出版社 2014 年版。

37. 中共中央党史和文献研究院编:《十九大以来重要文献选编》(上),中央文献出版社 2019 年版。

38. 柯华庆主编:《党规与社会主义法治》,人民出版社 2021 年版。

39. 上海市中国特色社会主义理论体系研究中心编:《中国特色社会主义理论体系与科学发展理论研讨会文集》,上海人民出版社 2012 年版。

40. 秦强编著:《以党内法规扎紧制度笼子》,人民日报出版社 2019 年版。

41. 中国行为法学会编:《全面从严治党与法律实施——第六届中国法律实施论坛论文集》,人民法院出版社 2017 年版。

42. 王然:《中国共产党党内法规的规范特质及生成逻辑》,清华大学出版社 2019 年版。

43. 柯华庆主编:《党规学(党员干部版)》,人民出版社 2020

年版。

44. 朱景文主编:《法理学》,中国人民大学出版社 2015 年版。

45.《中国共产党章程》,人民出版社 2017 年版。

46. 中共中央党史和文献研究院编:《习近平关于力戒形式主义官僚主义重要论述选编》,中央文献出版社 2020 年版。

47. 中共中央办公厅法规室、中共中央纪委法规室、中共中央组织部办公厅编:《中国共产党党内法规汇编(1978—1996)》,法律出版社 2009 年版。

48. 王希鹏:《中国共产党纪律检查工作概论》,中国社会科学出版社 2016 年版。

49. 张晋藩主编:《中国近代检察制度与法制研究》,中国法制出版社 2017 年版。

50. 上海社会科学院党建研究会编:《上海社会科学院党建研究成果汇编(2020)》,上海社会科学院出版社 2021 年版。

后　记

党内法规研究是在党的十八大之后党中央高度重视党内法规制度建设并持续推进依规治党的背景下在学界形成并越来越受关注的一股研究热潮，是全面依法治国与全面从严治党战略深入推进的必然选择，也是推进国家治理体系和治理能力现代化的内在需要。近年来，由于进一步强化党的领导的迫切需要以及党的建设的伟大工程的日渐深入推进，我国对党的制度建设尤其是党内法规制度建设的需求越来越强烈，成为推进党内法规研究、促生党内法规学的根本动力。在这种背景下，学界不仅涌现出了越来越多党内法规研究方面的力量，形成了党内法规研究的学术共同体，而且形成了大量研究成果，公开发表了上千篇学术论文、文章，也出版了数十本著作。这对推进党内法规研究深入开展，促使党内法规学真正成为一个独立学科，乃至助推党内法规制度建设，深入实施全面依法治国与全面从严治党来说，无疑都具有不言自明的重要意义。

目前来看，国内党内法规研究关注的面向极为广博，既有党内法规基础理论和依规治党原理与机理方面的研究，也有党内法规制定、评估、备案清理方面的探讨；既有关于党章、党的领导法规等党内法规体系的研究，也有关于党内法规与国家法律、国家政策等关系的研究；既有党内法规制度发展历史方面的总结与梳理，也有党内法规学科建设与人才培养方面的分析。而有关党内法规制度执行力方面的研究成果也正在逐渐增多。党内法规制度执行对党内法规制度建设的重要性显然不言而喻。从逻辑上来说，制度的生命力在执行，没有执行则任何制度都将形同虚设，难有实际价值。而在党内法规制度建设已经历经百年，初步形成了比较完善的党内法规体系，已经为依规治党奠定了必要基础的情况下，如何强化和提升党内法规制度执行力，确保党内法规贯彻执行，使党内法规制度落地生根、真正发挥作用，显然就成为党内法规研究不得不关注和研究的重点问题，成为今后党内法规学研究的重点方向。就此而言，强化党内法规制度执行力建设方面的研究，其意义自不待言。然而，稍显遗憾的是，学界尽管意识到了党内法规制度执行力研究的重要性，也形成了一批具有参考价值的研究成果，但在党内法规制度执行力方面的研究总体上还略显不足，碎片化研究较为突出，系统性研究还相对缺乏。而且，迄今为止，学界还没有一本有关党内法规制度执行力建设研究的专著。

正是在这样一种背景下，笔者申报并中标了 2019 年上海市哲学社会科学规划项目“党内法规制度执行力建设研究”，随后开始全面系统研究党内法规制度执行力建设。研究过程中，笔者得到了包括上海社会科学院法学研究所段占朝老师、上海社会科学院政治学研究所石冬旭老师、中国浦东干部学院肖晋副教授等在内的多位学者以及马彦、史聪、张冉等同学的帮助，得以组成课题组，完成最终的课题研究报告。尽管课题报告最终完成并提交,而且也公开发表了多篇阶段性研究成果,甚至有多篇还被人大复印资料及《中国社会科学文摘》转载,但由于时间投入不足以及精力的不够,使得笔者对课题的最终成果始终难言满意。为此,在课题提交结项后,笔者又对原课题成果进行了调整和完善,对部分内容进行了删除,对部分内容则进行了增扩。在此期间,笔者得到了上海政法学院党委副书记潘牧天教授的大力指导和帮助,潘书记甚至直接参与了部分章节的写作,其作为党员干部的独特视角为本著作增色不少。如今,著作终有所成,笔者也终于可以松一口气,卸下心中背负已久的重担。

本书是迄今国内较为系统研究党内法规制度执行力建设的著作,尽管不乏粗浅鄙陋且较为单薄,但不乏拓荒意义和示范意义。笔者希望通过这样一本薄著,引领和推动国内党内法规研究由以往重点关注党内法规制度建设层面转向关注党内法规制度建设与制度执行力建设并重的方向,能够助推党内法规研究实现新开局,开启党内法规制度执行力研究的新篇章,为党内法规制度真正发挥作用略尽绵力!当然,由于时间和精力不足,加之水平有限,书中缺陷甚至是错误可能在所难免,恳请各位读者多多批评指正。

本书的写作分工如下:第一章由刘长秋、潘牧天共同完成,第二章以及第五章主要由刘长秋负责,第三章及第四章主要由段占朝与潘牧天完成。全书最后由刘长秋统一修改核对并定稿。

最后需要指出的是,笔者在上海社会科学院法学研究所工作时指导和教授的部分研究生,如孟祥兆、邓国栋、严佳扬等,也参与了本课题研究以及后续研究报告和阶段性论文写作，并对课题的顺利完成做出了重大贡献。本著作的第五章主要是在笔者的指导下由以上三位学生担纲完成的，笔者在后期又进行了一些修改完善。在此特别说明，并深表感谢！

刘长秋

2022 年 1 月 17 日